Mehr über unsere Bücher, Autor:innen und Illustrator:innen auf:
www.thienemann.de

Märchenreise um die Welt, mit Illustrationen von Anne Hofmann
978-3-480-23772-2

Textbearbeitung: Arnica Esterl, Ulrike Sauerhöfer und Sylvia Tress
Covergestaltung und Typografie: Julia Astrup
Reproduktion: Schwabenrepro GmbH, Fellbach
Druck und Bindung: Livonia Print, Riga, Lettland

MIX
Papier | Fördert gute Waldnutzung
FSC® C002795


4. Auflage 2025

# Märchenreise um die Welt

Mit Bildern von
Anne Hofmann

esslinger

# Inhalt

# Die kleine Seejungfrau

Tief unten im blauen Meer lebte einst der Meerkönig in einem wunderbaren Schloss. Die Mauern waren aus roten Korallen, die langen, spitzen Fenster aus funkelndem Bernstein und das Dach war aus schneeweißen, glänzenden Muschelschalen. Er war lange verwitwet, hatte aber noch seine Mutter, eine weise, alte Frau, die ihm den Haushalt führte und auch ansonsten immer einen guten Rat für ihn hatte.

Der Meerkönig hatte sechs Töchter, eine schöner als die andere. Die allerschönste aber war die Jüngste. Ihre Haut war klar wie Quellwasser, die Augen so blau wie die tiefste See und auf ihren Rücken fielen wunderbare, lange Haare. Sie alle hatten aber keine Beine, sondern einen Fischschwanz, mit dem schwammen sie munter wie die anderen Meeresbewohner im Meer umher.

Tagsüber spielten die Prinzessinnen im Palast mit den Fischen. Sie ließen sich streicheln wie zahme Tiere.

Draußen vor dem Schloss befand sich ein prächtiger Garten mit bunten Bäumen und glitzernden Pflanzen, das alles wuchs in einem Boden aus goldenem Sand.

Jede der Meeresprinzessinnen hatte ihr eigenes, kleines Stück Garten, das sie bepflanzen und gestalten konnte, wie sie wollte. Die Jüngste, die ein stilles, nachdenkliches Kind war, hatte ihrem Beet die Form der Sonne gegeben. Denn für sie gab es nichts Schöneres, als von den Menschen erzählt zu bekommen, von der Welt außerhalb des Meeres. Es gefiel ihr so gut, dass die Blumen dort auf der Erde dufteten, denn das taten sie unter Wasser nicht, dass es dort Vögel gab, die fliegen konnten und deren herrlicher Gesang in den Bäumen erklang.

„An eurem fünfzehnten Geburtstag dürft ihr auftauchen, auf einer Klippe sitzen und den Schiffen, die vorbeifahren, zuschauen“, hatte die Großmutter versprochen und jede der Prinzessinnen wartete mit Spannung und Ungeduld auf diesen besonderen Tag.

Jede der Königstöchter erzählte etwas anderes nach ihrem Ausflug auf die Erde: Der Ältesten gefiel der Mondschein so sehr, die zweite hatte Gefallen an der Sonne und ihren wärmenden Strahlen gefunden. Die dritte erkundete die grünen Hügel mit ihren Weinranken, die vierte liebte das große, unendliche Himmelszelt, und die fünfte schließlich, die im Winter Geburtstag hatte, schwärmte von den riesigen Eisbrocken, die auf dem Wasser trieben und die unterschiedlichsten Formen bildeten.

Die älteren Schwestern durften auch ab und zu zusammen auftauchen. Dann schwammen sie Arm in Arm um die Schiffe herum und sangen so lieblich, dass es keiner der Seeleute jemals vergessen konnte.

Die Jüngste, die noch keine fünfzehn Jahre alt war, musste derweil unten im Meer bleiben und war sehr traurig darüber.

„Wenn ich doch erst fünfzehn wäre", dachte sie betrübt und die Zeit schien stillzustehen. Endlich aber war auch bei ihr der große Tag gekommen. Die Großmutter setzte ihr einen Kranz Lilien ins Haar und sie bekam acht Austern in ihren Fischschwanz geklemmt zum Zeichen ihrer hohen Geburt.

Am Abend schließlich stieg die kleine Seejungfrau zur Meeresoberfläche auf. Die Sonne war gerade untergegangen, aber alle Wolken und das Wasser glänzten noch rotgolden von ihrem Schein.

Die Luft war mild und frisch und das Meer ganz ruhig.

Ein großes Schiff mit drei Masten lag da und man hörte Musik und den Gesang der Matrosen.

Neugierig schwamm die kleine Seejungfrau bis zu den Kajütenfenstern und spähte hinein. Dort standen viele schön gekleidete und geschmückte Menschen, der Schönste unter ihnen aber war der Prinz. Er war so alt wie die kleine Seejungfrau, hatte große schwarze Augen und er trug ein besonders prächtiges Gewand. Es war sein Geburtstag, der da auf dem Schiff gefeiert wurde, und als er auf das Deck trat, wurde ihm zu Ehren ein großartiges, leuchtendes Feuerwerk veranstaltet. Die kleine Seejungfrau konnte ihren Blick nicht von dem schönen Prinzen abwenden.

Da jedoch kam plötzlich ein Wind auf, aus dem Wind wurde Sturm, der blähte die Segel und ließ das Schiff auf und nieder schaukeln. Nun wurde das Treiben auf dem Schiff hektischer. Voller Angst vor dem drohenden Gewitter zogen die Matrosen die Segel ein. Kurze Zeit später war das Schiff ganz den schwarzen, tosenden Wogen ausgesetzt. Es knackte und krachte, der Mast brach entzwei und Wasser drang in das Schiff ein.

Die kleine Seejungfrau sah, dass Gefahr drohte, und musste sich vor den Balken und Brettern, die vom Schiff gerissen wurden, in Acht nehmen.

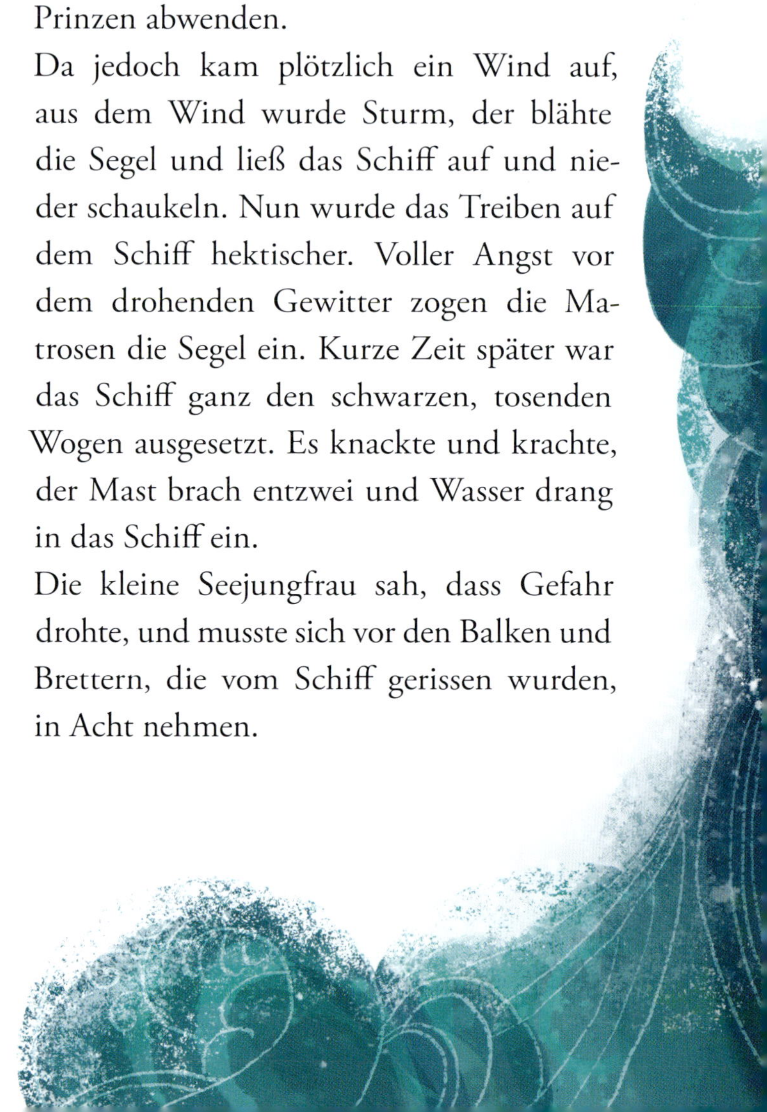

Schließlich brach das Schiff vollkommen auseinander, Schreie waren zu hören und im letzten Moment erblickte sie den Prinzen, der ins Wasser stürzte und darin versank.
Die Seejungfrau aber wusste, dass Menschen nicht im Wasser leben können. So kämpfte sie sich durch die hohen Wellen und Planken, bis sie den ermattenden Prinzen zu fassen bekam. Sie stützte ihn und hielt seinen Kopf über Wasser, sodass er atmen konnte.
Am nächsten Morgen war das Unwetter vorüber. Die kleine Seejungfrau bettete den ohnmächtigen Prinzen sanft in eine kleine Bucht. Dort küsste sie seine Wangen und es schien, als kehrte das Leben in den jungen Prinzen zurück. Danach schwamm sie ins Meer zurück und beobachtete aus der Ferne, was geschehen würde.
Da läuteten irgendwo Glocken und eine Schar Mädchen kam herbeigelaufen, die den Prinzen entdeckte. Er erwachte und lächelte sie voller Dankbarkeit an. Der kleinen Seejungfrau, die alles beobachtete, lächelte er nicht zu, denn er wusste ja nicht, dass sie ihn gerettet hatte.
Da kehrte die kleine Seejungfrau zu ihren Schwestern zurück und war von nun an noch stiller als sonst.

An manchen Abenden stieg sie wieder hinauf in der Hoffnung, ihren geliebten Prinzen wiederzusehen. Schließlich erfuhr sie von ihren Schwestern, wo sich das Schloss des Prinzen befand. Es war aus hellem, glänzendem Marmor gebaut und seine Treppenstufen reichten bis ins Meer.

Dorthin schwamm die kleine Seejungfrau, saß lange da und betrachtete häufig den Prinzen, der glaubte, er sei ganz allein.

Auch andere Menschen sah die kleine Seejungfrau, die Fischer mit ihren Booten, den Hofstaat des Prinzen und immer mehr begann sie, die Menschen zu lieben.

„Wenn die Menschen nicht ertrinken, können sie dann ewig leben?", fragte sie eines Tages die alte Großmutter.

„Nein", erwiderte diese, „auch sie müssen eines Tages sterben, so wie wir. Wir können dreihundert Jahre alt werden, aber dann sterben wir und werden zu Schaum auf dem Wasser. Dann ist es für immer vorbei mit uns. Die Menschen aber haben eine unsterbliche Seele, und die steigt nach ihrem Tod hinauf in den Himmel zu den leuchtenden Sternen."

Da seufzte die kleine Seejungfrau und betrachtete betrübt ihren Fischschwanz.

„Wie sollte das möglich sein", sprach sie, „ich habe nicht einmal Beine!"

„Nun freu dich deines Lebens", entgegnete die Großmutter, „heute Abend feiern wir!" Das war ein prächtiges Fest, wie es schöner nicht sein konnte.

Die kleine Seejungfrau jedoch hatte keine rechte Freude daran. Nichts auf der Welt wünschte sie sich mehr, als ein Mensch zu werden und ihrem Prinzen nahe zu sein.

Es gab eine alte Meerhexe, die zaubern konnte. Zu der schwamm die kleine Seejungfrau und fragte sie um Rat.

Die Meerhexe wohnte an einem dunklen Ort. Hässliche Seeschlangen wanden sich um glitschige Felsen, das Haus der Hexe war aus weißen Knochen errichtet.

„Ich weiß, was du dir wünschst", sagte die Meerhexe zur Begrüßung. „Es ist zwar dumm von dir, aber du sollst deinen Willen bekommen. Ich gebe dir einen Trank, der wird deinen Fischschwanz in Beine ver-

wandeln. Das wird aber wehtun und auch jeder deiner Schritte wird sich anfühlen, als liefest du über Glasscherben. Aber bedenke, wenn du die Liebe des Prinzen nicht erlangst, wirst du zu Schaum werden und sterben. Als Preis für meine Hilfe verlange ich außerdem, dass du mir deine Stimme schenkst. Sie ist die schönste, die ich je gehört habe!“
Die kleine Seejungfrau erschrak: „Meine Stimme soll ich dir geben? Aber was bleibt mir dann noch?“
„Deine schöne Gestalt, dein schwebender Gang, dein wunderbares Haar … aber wenn du nicht willst …“
„Es geschehe!“, rief da die kleine Seejungfrau und die Hexe überreichte ihr hämisch grinsend einen Becher mit dem Zaubertrank. Dann schnitt sie ihr die Zunge ab und ihre Stimme war für immer verloren.

Die kleine Seejungfrau schwamm zum Schloss des Prinzen hinauf und trank aus dem Becher. Sie fühlte einen schneidenden Schmerz, fiel in Ohnmacht und erwachte am nächsten Morgen wie nach einem tiefen Schlaf. Nun war sie am Ufer gestrandet und lag dort, wie damals der schöne Prinz. Als sie die Augen aufschlug, stand er vor ihr und schaute sie aus seinen schwarzen Augen an. Er fragte sie, woher sie komme und wer sie sei. Sie aber konnte ja nicht antworten, da nahm er sie an die Hand und führte sie in sein Schloss.
Alle bewunderten sie und der kleinen Seejungfrau wurden schöne Kleider aus Seide angezogen, nun sah sie wie eine wahrhaftige Prinzessin aus.

Von da an waren der Prinz und sein Findelkind, wie er sie nannte, unzertrennlich. Sie spielten zusammen, ritten miteinander aus, auf den prächtigen Bällen tanzte er nur mit ihr. Die kleine Seejungfrau war überglücklich.

Nachts allerdings schlich sie sich manchmal hinaus ans Wasser und dachte voller Sehnsucht an den Vater und ihre Schwestern. Einmal erschienen sie an der Meeresoberfläche, sangen traurige Lieder und winkten ihr zu.

Die kleine Seejungfrau aber wurde von Tag zu Tag dem Prinzen lieber.

„Du bist mir das Wichtigste auf der Welt", sagte er und küsste sie auf ihre Stirn. „Denn du gleichst einem Mädchen, das mir einmal im Traum begegnet ist. Sie hat mir das Leben gerettet ..."

„Ach, er weiß ja nicht, dass ich es war", dachte die kleine Seejungfrau traurig und sagen konnte sie es ihm auch nicht.

Als für den Prinzen die Zeit kam zu heiraten, dachte er allerdings nicht im Traum daran, sie zur Frau zu nehmen. Die Tochter des Nachbarkönigs war ihm versprochen und er machte sich mit einer großen Gefolgschaft auf, um sie zu sehen.

„Ich heirate sie nur, wenn sie dem Mädchen in meinem Traum ähnelt", sagte er der kleinen Seejungfrau, die ihn begleitete.

Auch die kleine Seejungfrau war begierig, die Schönheit der fremden Königstochter zu sehen. Sie musste eingestehen, dass sie noch nie etwas Schöneres gesehen hatte. Große, schwarzblaue Augen und langes Haar, so wie es die kleine Seejungfrau selber hatte.

„Du bist es!", rief der Prinz erfreut. „Du bist das Mädchen aus dem Traum!"

Sogleich wurde auf dem Schiff alles für die Hochzeit vorbereitet. Musik erklang und alle tanzten, auch die kleine Seejungfrau, obwohl ihr der Schmerz fast die Füße zerschnitt. Und noch ein anderer, größerer Schmerz war da in ihrem Herzen, denn nun wusste sie, dass sie für immer verloren war und niemals eine unsterbliche Seele erhalten würde.

Als sie am Abend an der Reling des Schiffes stand, tauchten plötzlich ihre Schwestern auf und reichten ihr ein Messer.

„Wir waren bei der Hexe und haben um Hilfe für dich gebeten", erzählten sie. „Wenn du bis zum Aufgang der Sonne damit den Prinzen tötest, bekommst du deinen Fischschwanz zurück und kannst weiterleben."

Traurig nahm die kleine Seejungfrau das Messer entgegen.

Im Morgengrauen schlich sie sich zu dem Nachtlager des Prinzen. Als sie ihn jedoch so friedlich und ruhig schlafen sah, den Kopf seiner lieblichen Braut auf der Brust, da brachte sie es nicht übers Herz.

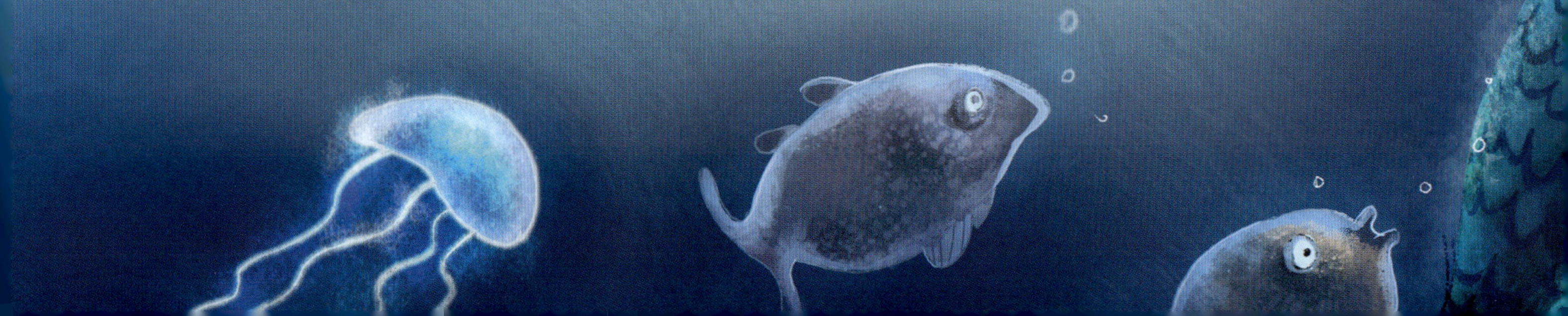

Sie warf das Messer weit nach draußen aufs Meer und in diesem Moment ging die Sonne auf. Ihre Strahlen fielen auf den kalten Meeresschaum und ein leiser, flüsternder Wind kam auf.
Die kleine Seejungfrau aber fragte: „Zu wem komme ich?“
„Zu den Töchtern der Luft“, antwortete es, „wir können uns durch gute Taten eine ewige Seele erschaffen. Wir verbreiten den Duft der Blumen und senden Heilung und Frieden. Du kleine Seejungfrau hast so viel gelitten. Jetzt kannst du dir durch gute Werke auch eine unsterbliche Seele erschaffen ...“
Die kleine Seejungfrau fühlte zum ersten Mal Tränen in ihren Augen. Sie schaute den Prinzen und seine Braut ein letztes Mal lächelnd an und stieg dann glücklich auf in den Himmel auf eine rosarote Wolke zu den Töchtern der Luft.

# Das Lehmpferd

Einst, vor langer Zeit, lebten im weiten Grasland eine alte Frau und ihr Enkelsohn. Sie hatten keine Verwandten, niemand sorgte für sie. So arm waren sie, dass sie nicht einmal ein Pferd besaßen, und ihr Zelt war das kleinste und schäbigste im ganzen Lager.

Jedes Mal, wenn der Stamm zu neuen Jagdgründen wanderte, warteten der Junge und die alte Frau, bis alle fort waren. Dann suchten sie den verlassenen Lagerplatz ab und lasen auf, was die anderen weggeworfen hatten, löchrige Mokassins oder eine zerschlissene Decke oder ein Stückchen Fleisch.

Eines Tages brach der Stamm wieder einmal auf, um durch das Grasland zu wandern. Wie immer folgten die Großmutter und der Enkelsohn als Allerletzte dem Zug nach. Sie waren noch nicht weit gegangen, als sie ein müdes braunes Pferd erblickten. Irgendeiner aus dem Stamm hatte es zurückgelassen, weil es alt und schwach war. Das Pferd hatte einen wunden Rücken, hinkte und war auf einem Auge blind.

Der Junge blieb stehen. „Du bist so arm wie wir“, sagte er, „hast niemanden, der sich um dich kümmert. Komm mit uns! Wir passen gut zusammen.“

So zogen sie gemeinsam weiter, kamen aber nur langsam vorwärts. Als sie endlich den neuen Lagerplatz erreicht hatten, stellten die alte Frau und der Junge ihr kleines, aus Büffelhautresten zusammengeflicktes Zelt auf. Dann führte der Junge das Pferd zur Tränke am Fluss und auf die Weide.

Am nächsten Morgen sandte der Häuptling des Stammes junge Männer aus, die im Grasland nach Büffeln suchen sollten. Schon bald danach, viel früher, als alle erwartet hatten, kamen die jungen Männer wieder zurück.

„Ganz in der Nähe ist eine große Büffelherde!“, riefen sie. „Und in dieser Herde haben wir ein geflecktes Kalb gesehen!“

Die Aufregung im Lager war groß. Frauen und Männer, jung und alt, auch die allerkleinsten Kinder, liefen aus ihren Zelten herbei und konnten sich kaum beruhigen. Ein geflecktes Büffelkalb war ihrem Volk heilig.

Die Haut eines solchen Kalbes, so glaubten sie, hätte einen mächtigen Zauber in sich und beschütze jenen, der sie besaß.
Nun hatte der Häuptling des Stammes eine schöne Tochter, und da war keiner der jungen Krieger, der sie nicht zur Frau haben wollte.
„Wer von uns die Haut dem Häuptling bringt", sagten sie zueinander, „den wird seine Tochter gewiss nicht abweisen." Und jeder von ihnen wünschte sich, das gefleckte Kalb zu erlegen. Der arme Junge wünschte sich das auch. „Alt und lahm wie du bist", sagte er zu seinem Pferd, „wird es mir wohl kaum gelingen. Aber ich will's versuchen. Hilf mir dabei!"
Das braune Pferd schlug mit dem Schweif und schnaubte leise, als verstünde es, was der Junge sagte.
Die Krieger holten ihre besten und schnellsten Pferde von der Weide und versammelten sich vor dem Lager. Auch der Enkelsohn der alten Frau kam auf seinem braunen Pferd angeritten.
„Seht nur, wer da kommt!", riefen die Krieger und fingen zu lachen an. „Auf diesem einäugigen, hinkenden Pferd will der auf die Büffeljagd reiten? Gebt acht! Bestimmt ist er es, der das gefleckte Kalb erlegt!"
Der Junge ritt still zur Seite, bis er so weit weg war, dass er die spöttischen Rufe nicht mehr hören konnte.

„Du und ich“, sagte er zu seinem Pferd, „wir passen wirklich zusammen! Alle lachen über uns.“
„Lass sie doch lachen!“, sagte das Pferd. „Nicht immer ist etwas so, wie es zu sein scheint. Reite zum Fluss! Wenn du dort bist, streich mich am ganzen Körper mit Lehm ein. Vergiss auch nicht den kleinsten Fleck!“
Als das Pferd plötzlich wie ein Mensch redete, erschrak der Junge und fürchtete sich, aber er tat, was es ihm aufgetragen hatte. Er ritt zum Fluss, stieg ab und strich das Pferd mit nassem Lehm ein und vergaß auch nicht den kleinsten Fleck.
„Jetzt steig auf und reite den anderen nach!“, befahl das Pferd.
Wieder gehorchte der Junge und ritt über die weiten Wiesen des Graslandes dorthin, wo die Büffelherde weidete. Hinter einer der Hügelkuppen warteten die Krieger schon ungeduldig auf das Zeichen zum Beginn der Jagd. Als der Häuptling endlich die Hand hob, stürmten alle gemeinsam los.

Auch das braune, lehmbedeckte Pferd begann zu laufen. Es lief, lief immer schneller! Es flog gleich einem Vogel dahin, die Hufe schienen kaum die Erde zu berühren. Schon hatte der Junge die anderen Reiter eingeholt, schon war er ihnen voran und ließ sie hinter sich zurück.

Der Junge preschte mitten hinein in die aufgeschreckte Herde und erlegte das gefleckte Kalb mit einem einzigen Pfeil.
Erst jetzt kamen die anderen jungen Männer und wollten nicht glauben, was sie sahen. Das schäbige alte Pferd war nicht wiederzuerkennen. Es war jung und kräftig geworden. Das Fell glänzte, Schweif und Mähne waren dicht und lang, die Augen hell und klar und feurig. Wie es tänzelte! Wie es stolz den Kopf zurückwarf und laut wieherte!

Der Junge häutete das gefleckte Kalb, packte Fleisch und Haut auf den Rücken seines Pferdes und kehrte ins Lager zurück. Das braune Pferd schnaubte fröhlich und schritt so leichtbeinig aus, als spüre es die Last auf seinem Rücken nicht.
Einer der jungen Männer ritt dem Jungen nach und bot ihm zwölf seiner besten Pferde für die Haut des Kalbes an.
„Nein", sagte der Junge, „ich gebe sie nicht her, würde ich auch alle Pferde in diesem Lager dafür bekommen."
Der Junge führte sein Pferd zum Zelt des Häuptlings und legte die gefleckte Büffelhaut vor der Häuptlingstochter nieder. Er sagte kein Wort. Auch sie sagte kein Wort, aber als er fortging, schaute sie ihm lange nach.
Inzwischen war einer der jungen Männer zum Zelt der alten Frau geritten. „Dein Enkel hat das gefleckte Büffelkalb erlegt!", rief er.
„Warum machst du dich lustig über ihn?", fragte sie. „Du solltest dich schämen!"
„Was ich sage, ist wahr", antwortete der junge Mann.
Noch andere kamen und behaupteten, es sei ihr Enkelsohn gewesen, der die gefleckte Haut der Häuptlingstochter geschenkt habe. Da begann die alte Frau zu weinen. „Wie grausam ist es", dachte sie, „dass sie ihren Spott mit uns treiben, nur weil wir so arm sind."
Gleich darauf konnte sie jedoch ihr Glück kaum fassen, als sie ihren Enkelsohn mit dem Pferd erblickte – einem Pferd, das nicht mehr schwach und müde war, sondern jung und kräftig und schwer beladen.
„Großmutter", sagte der Junge, „hier ist Fleisch für viele Tage. Die Haut des gefleckten Kalbes habe ich der Häuptlingstochter geschenkt."
Wieder weinte die alte Frau, doch diesmal weinte sie aus Freude.

In dieser Nacht sprach das braune Pferd zu dem Jungen: „Morgen wird eine große Schar eurer Feinde kommen und das Lager angreifen. Reite auf mir mitten unter sie und treibe sie zurück. Viermal darfst du es tun, dann aber nicht mehr, sonst muss ich sterben. Versprich mir, dass du kein fünftes Mal gegen sie reitest!"
„Ich verspreche es dir", sagte der Junge.
Am nächsten Tag war alles so, wie das Pferd es vorausgesagt hatte. Als eine große Schar

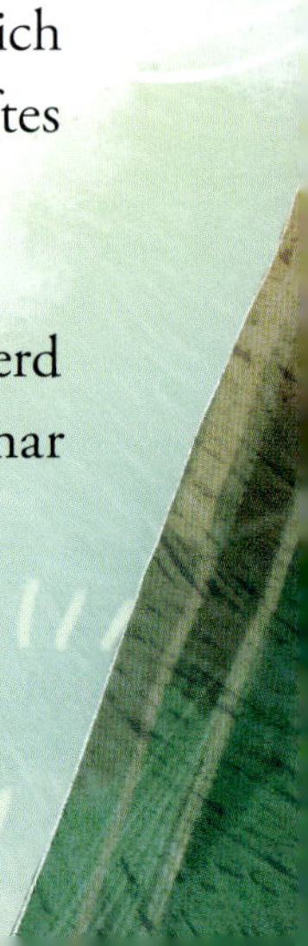

feindlicher Krieger aus dem Grasland kam und das Lager angreifen wollte, stürmte der Junge auf dem braunen Pferd mitten unter sie. Pfeile umschwirrten ihn, doch keiner der Pfeile traf, es war, als seien er und sein Pferd unverwundbar.

Den feindlichen Kriegern musste es scheinen, als besäßen das Pferd und sein Reiter Zaubermacht. Noch dreimal ritt der Junge gegen sie an und jedes Mal wichen sie zurück.

Nach dem vierten Mal stieg der Junge vom Pferd und schaute von einem Hügel aus dem Kampf zu. So tapfer die Männer seines Stammes auch kämpften, die Übermacht der Feinde war zu groß.

Als der Junge sah, dass sie nicht standhalten konnten, vergaß er sein Versprechen. Er sprang aufs Pferd, trieb es an und preschte erneut los. Die Krieger aus dem Lager fassten wieder Mut und es gelang ihnen, die feindliche Schar endgültig in die Flucht zu schlagen. Der Junge bleib unverwundet, das braune Pferd aber sank, von vielen Pfeilen getroffen, tot zu Boden.

Während alle im Lager den Sieg feierten, blieb der Junge bei seinem toten Pferd zurück. Er saß neben ihm im Gras, schaute in die gebrochenen Augen und weinte.

„Ich bin es, der schuld daran ist, dass du nicht mehr am Leben bist", sagte er. „Und doch warst du mein bester und einziger Freund!" Der Junge hüllte sich in eine Büffelhautdecke und trauerte um das braune Pferd.

Der Tag ging zu Ende, die Nacht kam. Dunkle Wolken überzogen den Himmel, ein Gewittersturm brauste über das Land. Blitze zuckten, Donner grollte. Es begann in Strömen zu regnen.

Auf einmal war dem Jungen, als höre er ein leises Schnauben, aber das konnte nicht sein, er musste sich getäuscht haben. Dann war ihm, als rege sich das Pferd, und wieder meinte er das leise Schnauben zu vernehmen. Der Junge warf die Büffelhautdecke fort und sprang auf.

„Tirawa", rief er, „Schöpfer der Welt, hast du mir das Gewitter als Zeichen gesandt? Hör mich an! Lass mein Pferd leben!" Viermal rief der Junge in den Sturm und in den Regen: „Tirawa, lass mein Pferd leben!"

Der Sturm legte sich, der Regen wurde immer schwächer. Die Wolken am Himmel teilten sich. Im ungewissen Licht der Sterne sah der Junge, wie das Pferd den Kopf hob. Es stand auf, schüttelte die Mähne und sagte: „Tirawa war gut zu uns. Er hat mir erlaubt, dass ich zu dir zurückkomme."

Der Junge schlang die Arme um den Nacken des Pferdes und presste das Gesicht in die Mähne. So standen sie lange nebeneinander, viel zu glücklich, um auch nur ein Wort zu sprechen.

Endlich stupste das Pferd den Jungen an, schnaubte und sagte: „Nun weißt du, wie es ist! Wann immer ich dir etwas auftrage, dann halte dich daran! Jetzt geh mit mir auf jenen großen Hügel dort, lass mich allein und komm erst wieder am Morgen zu mir."

Der Junge führte das Pferd auf die Kuppe des Hügels, verabschiedete sich und kehrte ins Lager zurück.

Als am nächsten Morgen die Sonne am Himmel emporstieg und das Grasland in ihr Licht tauchte, wartete auf der Kuppe des Hügels nicht nur das braune Pferd auf den Jungen. Eine weiße Stute stand da, die so schön war, wie der Junge noch keine zuvor gesehen hatte.

„Gefällt sie dir?", fragte das braune Pferd.

„Ja, sehr!", antwortete der Junge. „Ich möchte sie der Tochter des Häuptlings schenken. Darf ich es tun?"

„Genau das wollte ich dir raten", sagte das Pferd.

Als der Junge die weiße Stute zum Zelt des Häuptlings führte, liefen alle staunend herbei. So mancher der jungen Männer wünschte sich, er könnte mit dem Jungen tauschen, der doch nur löchrige Mokassins besaß und das allerschäbigste Zelt im Lager.

Der Junge trat mit seiner Stute vor die Tochter des Häuptlings hin. „Wenn du sie haben willst, gehört sie dir“, sagte er.
„Du hast mir die Haut des gefleckten Büffelkalbs gebracht“, sagte die Häuptlingstochter. „Du hast unsere Feinde vertrieben und nun schenkst du mir diese schöne weiße Stute. Keinen anderen als dich will ich zum Mann haben.“

So kam es, dass der Junge, der einst der Ärmste im Lager gewesen war, die Tochter des Häuptlings heiratete. Er holte seine Großmutter zu sich ins Zelt und sorgte gut für sie. Jahre später, als sein Schwiegervater starb, wurde er selbst zum Häuptling gewählt. Alle im Lager achteten ihn, denn er war gerecht, tapfer und weise. Er und seine Frau und auch die Kinder, die sie hatten, hielten die gefleckte Büffelhaut in Ehren. Wann immer das braune Pferd ihm einen Rat gab, hörte er darauf und tat, was es ihm aufgetragen hatte. Er vergaß nie, dass er einmal arm gewesen war, und teilte mit jenen, die nichts besaßen. Keiner im Lager, und war er noch so alt und schwach, litt jemals mehr Not.
Das braune Pferd und der Häuptling wurden sehr alt und als sie starben, trauerte der ganze Stamm.

# Ali Kwadjah und der Kaufmann von Bagdad

In jener Zeit, als der berühmte Kalif Harun Al Raschid regierte, lebte in Bagdad ein Kaufmann namens Ali Kwadjah. Viele Jahre hatte er einen kleinen Handel getrieben und nur wenig gewonnen dabei, aber er brauchte auch nicht mehr, da er allein lebte.

Nun geschah es, dass ihm drei Nächte hintereinander im Traum ein ehrwürdiger Geist erschien und zu ihm sagte: „Was liegst du hier und schläfst? Weißt du nicht, dass du eine Pilgerfahrt nach Mekka machen sollst?"

Da wurde Ali Kwadjah unruhig, verkaufte all sein Hab und Gut, handelte sich neue Ware ein und schloss sich einer Karawane an, die nach Mekka zog. Aber ehe er die Stadt verließ, legte er von dem Gewinn, den er erzielt hatte, tausend Goldstücke für seine Rückkehr beiseite. Er nahm einen großen Krug, steckte die Goldstücke hinein und befüllte dann den Krug bis zum Rand mit frischen Oliven. Nachdem er die Öffnung verschlossen hatte, brachte er den Krug zu einem befreundeten Kaufmann und sprach: „Mein Freund, du hast sicherlich gehört, dass ich mich auf eine Pilgerfahrt nach Mekka begeben werde. Ich habe mich schon einer Karawane angeschlossen und werde morgen abreisen. Nur habe ich hier noch einen Krug Oliven, die möchte ich dir übergeben. Gewiss wirst du sie bis zu meiner Rückkehr sorgsam aufbewahren!"

Der Kaufmann überreichte Ali Kwadjah freundlich einen Schlüssel und sagte: „Hier hast du den Schlüssel zu meinem Vorratsraum. Such dir einen Platz für deinen Krug, stelle ihn dort ab und verschließe den Raum wieder. Du wirst die Oliven bei deiner Rückkehr genau dort wiederfinden."

Ali Kwadjah stellte den Krug in die hinterste Ecke des Raumes und schloss den Speicher wieder zu. Den Schlüssel brachte er seinem Freund zurück und machte sich dann auf den Weg nach Mekka.

Er erreichte auch glücklich die heilige Stadt und verrichtete dort alle Handlungen und Gebete, die für die Pilgerfahrt vorgeschrieben waren. Dann trieb er Handel auf dem Markt von Mekka. Dort traf er auf eine Karawane, die sich für den Weg nach Kairo rüstete, und Ali Kwadjah, neugierig auf diese schöne Stadt, schloss sich den Kaufleuten an. Das ägyptische Land gefiel ihm sehr, und er blieb längere Zeit in Kairo, wo er mit Kaufen und Verkaufen von seinen Waren viel Geld verdiente. Dann reiste er weiter nach Jerusalem, Damaskus, Aleppo und vielen anderen Städten, sodass es ganze sieben Jahre dauerte, bis er wieder nach Bagdad zurückkehrte.

Sieben Jahre hatte der befreundete Kaufmann nicht an Ali Kwadjah und seine Oliven gedacht. Der Krug stand unbehelligt im Vorratsraum. Da trug es sich zu, dass die Frau des Kaufmanns Lust auf Oliven bekam und ihren Mann bat, ihr einige zu bringen. Es waren aber keine in seinem Haus zu finden.

Da sprach er: „Ich erinnere mich, dass vor sieben Jahren Ali Kwadjah einen Krug mit Oliven in meinen Vorratsraum gestellt hat. Er wollte sie nach seiner Rückkehr wieder abholen. Nun habe ich so lange nichts mehr von ihm gehört, vielleicht ist er schon gestorben. Ich denke, wir können einige von den Oliven verspeisen. Ich fürchte nur, dass sie nicht mehr genießbar sind."

„Nein, Mann, das sollten wir nicht tun. Ali Kwadjah hat dir die Oliven anvertraut, er muss sie auch wiederfinden. Er kann heute oder morgen zurückkehren, was willst du ihm dann sagen? Außerdem glaube ich auch nicht, dass sie noch essbar sind", erwiderte die Frau.

Aber der Kaufmann hörte nicht auf sie. Er ging in den Vorratsraum, griff sich den Krug aus der Ecke, öffnete ihn und schüttete einige Oliven heraus. Sie waren verfault und schimmelig. Doch da entdeckte der Kaufmann zwischen den schlechten Früchten ein Goldstück. Ein Goldstück! Verwundert schaute er in den Krug und sah, dass er bis zur Hälfte mit Goldstücken gefüllt war. Rasch kehrte er zu seiner Frau zurück.

„Du hast recht, Frau", sprach er. „Die Oliven sind schlecht geworden. Ich habe den Krug wieder fest verschlossen und an seinen Platz zurückgestellt."

„Besser wäre es gewesen, du hättest ihn gar nicht in die Hand genommen", antwortete seine Frau.

Die ganze Nacht überlegte der Kaufmann, wie er das Gold in seinen Besitz bringen könnte. Am anderen Morgen ging er auf den Markt und kaufte so viele Oliven, wie der ganze Krug fasste. Dann warf er die faulen Oliven fort, schüttete das Gold heraus und füllte den Krug mit den frischen Oliven wieder auf. Er verschloss ihn sorgfältig und stellte ihn an seinen früheren Platz in den Vorratsraum zurück.

Wenige Wochen später erreichte Ali Kwadjah glücklich seine Heimatstadt Bagdad. Gleich am nächsten Tag ging er zu seinem Freund und bat ihn, ihm das Gefäß mit den Oliven wieder zurückzugeben.
Der Kaufmann erschrak, aber er ließ sich nichts anmerken und reichte Ali Kwadjah lächelnd den Schlüssel: „Geh und hole es selbst dort ab, wo du es hingestellt hast."
Ali Kwadjah holte seinen Krugund begab sich in seine Wohnung, wo er sogleich den Krug ausschüttete. Zu seinem Entsetzen enthielt er nur Oliven, das ganze Gold war verschwunden. War es möglich, dass sein Freund ihn betrogen hatte?
Er suchte den Kaufmann wieder auf und sprach: „Bruder, Gott sei mein Zeuge, dass ich vor meiner Reise tausend Goldstücke in den Krug gesteckt habe. Nun ist aber kein einziges mehr drin. Sage mir, dass du das Gold für den Augenblick notwendig gebraucht hast, so will ich warten, bis du es mir zurückzahlen kannst."
Der Kaufmann hatte diese Rede erwartet und spielte den Unschuldigen. „Höre, mein Freund, du

hast den Krug selbst in den Raum gestellt und selbst wieder herausgeholt. Ich habe ihn nicht angerührt. Waren damals Goldstücke darin, so sind sie jetzt noch darin. Du sagtest mir aber, dass Oliven darin wären, also wirst du wohl auch Oliven finden!"

Verzweifelt rang Ali Kwadjah die Hände und beschwor seinen ehemaligen Freund, ihm das Gold wiederzugeben.

Aber der Kaufmann gab nicht nach, und so zog der unglückliche Ali Kwadjah vor den Kadi. Er beschuldigte den Kaufmann, tausend Goldstücke aus einem Krug gestohlen zu haben.

Der Kadi hörte die Klage und fragte: „Wer war Zeuge, als du die Goldstücke hineingetan hast?"

„Nur Allah, der Allmächtige, ist mein Zeuge, denn ich wollte mit keinem Menschen über mein Vorhaben sprechen, damit mein Geheimnis nicht überall bekannt werde."

„Dann müssen wir auch die andere Seite hören", sagte der Richter und ließ den Kaufmann zu sich rufen.

Der Kadi fragte ihn nun, ob er das Gold an sich genommen habe, aber der Kaufmann stritt alles ab, und schließlich schwor er einen Eid, indem er die Hände hob und das Gesicht nach Mekka wandte: „Ich schwöre, dass ich nichts weiß von Goldstücken, die Ali Kwadjah gehören sollen."

Da sprach der Kadi den Kaufmann frei, und Ali Kwadjah ging traurig nach Hause.

Inzwischen hatten sich viele Umwohnende zusammengefunden, und sie diskutierten das Urteil. Manche waren empört, dass Ali Kwadjah nicht zu seinem Recht gekommen war, andere sprachen für den Kaufmann, und bald wussten alle Bazarbesucher, was sich zugetragen hatte.

Aber Ali Kwadjah fand keine Ruhe. Wie könnte er eine solche Ungerechtigkeit dulden? Er verfasste einen ausführlichen Bericht, in dem er alles erzählte, was geschehen war, und am anderen Tag, als der Kalif Harun Al Raschid durch die Straßen zog, warf sich Ali Kwadjah in den Staub und überreichte dem Herrscher seine Bittschrift.

Der Kalif las die Bittschrift und gab Befehl, dass Kläger und Angeklagter am anderen Tag bei ihm im Palast erscheinen sollten.

An diesem Abend legte sich Harun Al Raschid, der Herrscher der Gläubigen, nicht schlafen, sondern warf sich einen dunklen Mantel um und verließ mit seinem Wesir

den Palast und durchstreifte die Stadt. Auf einem mondbeschienenen Platz sah er eine Gruppe von lärmenden Kindern und blieb stehen, um ihrem Spiel zuzuschauen.

Da sprach einer der Knaben: „Wir wollen jetzt das Kadi-Spiel spielen. Ich bin der Richter, einer ist Ali Kwadjah und ein anderer der Kaufmann, dem Ali Kwadjah die tausend Goldstücke in Verwahrung gegeben hatte. Jetzt tretet vor mich hin, und jeder soll für seine Sache reden."

Als der Kalif den Namen Ali Kwadjah hörte, erinnerte er sich an die Bittschrift, die er gelesen hatte. Neugierig auf dieses Spiel blieb er im Schatten einer Mauer stehen und hörte zu.

Der erste Knabe hatte sich würdevoll hingesetzt, und der vermeintliche Ali Kwadjah sprach nun, wie sie es alle auf dem Bazar gehört hatten, und beschuldigte den Kaufmann, sein Gold gestohlen zu haben. Dann fragte der kleine Kadi den Kaufmann, warum er Ali Kwadjah seine Goldstücke nicht zurückgegeben habe. Schon hob der Knabe die Hände, um einen Eid zu schwören, da sagte der kleine Kadi: „Halt! Ehe du schwörst, möchte ich den Krug sehen, den Ali Kwadjah dir anvertraut hatte."

Es wurde ein Gefäß gebracht, und der Kläger und der Beklagte beteuerten beide, dies sei der besagte Krug.

Sprach der kleine Kadi: „Öffnet den Krug und bringt mir ein wenig von den Früchten, auf dass ich sie prüfe."

Er nahm von der Frucht und rief erstaunt aus: „Wie ist das möglich? Die Früchte sind gut erhalten und duften frisch. Nach sieben Jahren müssten die Oliven doch schimmelig und übel riechend geworden sein. Ruft mir zwei Olivenhändler herbei!"

Zwei Knaben traten vor und versicherten, sie seien Olivenhändler und hätten diesen Beruf ihr Leben lang ausgeübt.

„So sagt mir, wie lange halten sich Oliven in einem solchen Krug frisch, sodass man sie mit Genuss essen kann?"

„Herr, auch wenn sie sorgfältig aufbewahrt werden, verlieren sie nach drei Jahren ihre Farbe und ihren Duft, später sind sie ungenießbar und man kann sie nur wegwerfen."

„So nehmt von diesen Oliven und sagt mir, in welchem Zustand sie sich befinden!", befahl der kleine Kadi.

Die beiden Knaben taten, als nähmen sie einige Früchte aus dem Krug und kosteten davon.

„Herr“, sprachen sie dann, „diese Oliven sind in trefflichem Zustand. Sie sind von der diesjährigen Ernte.“

„Ihr irrt euch, denn Ali Kwadjah hat vor sieben Jahren die Oliven in den Krug gefüllt“, sprach der kleine Kadi.

„Herr, es gibt keinen Olivenhändler in Bagdad, der uns nicht zustimmen wird, dass diese Oliven frisch sind.“

„So hat sich gezeigt, dass du ein Dieb und Schurke bist!“, fuhr der kleine Kadi den Kaufmann an. „Für diese Tat hast du ohne Zweifel den Galgen verdient.“

Froh über dieses Urteil tanzten nun die Kinder herum und verließen dann den Platz.

Kalif Harun Al Raschid war sehr nachdenklich geworden und sprach zu seinem Wesir: „Der Scharfsinn dieses Knaben, der den Kadi gespielt hat, gefällt mir. Bringe ihn morgen an meinen Hof, wenn ich die Anklage von Ali Kwadjah behandle, und rufe auch den anderen, den großen Kadi herbei, damit er noch Neues dazulernen kann.“

Am Hofe wurde der Knabe freundlich empfangen und Harun Al Raschid sprach: „Ich habe eurem Spiel um den Krug mit Oliven zugeschaut. Heute soll hier am Hofe Recht gesprochen werden. Ich bitte dich nun, den Platz als Kadi einzunehmen und die gleiche Verhandlung zu führen, die du in der Nacht gespielt hast. Dieses Mal werden aber die wirklichen Gegner vor dir stehen.“

Darauf wurden zwei Olivenhändler hereingeführt, welche die Früchte beurteilen sollten, und dann erschienen Ali Kwadjah und der Kaufmann vor dem Kalifen.

Mutig forderte der kleine Kadi die beiden auf, ihren Standpunkt vorzutragen, und Ali Kwadjah sowie der Kaufmann wiederholten, was sie in der ersten Verhandlung gesagt hatten. Eben wollte der Kaufmann die Hände zum Schwur heben, da sprach der kleine Kadi: „Halt! Schwöre nicht! Zuerst wollen wir den Krug betrachten, der das Gold enthalten haben soll.“

Der Krug wurde gebracht, und Ali Kwadjah und der Kaufmann beteuerten, das sei der richtige. Der Knabe öffnete den Krug, nahm einige Oliven heraus und kostete. Dann rief er erstaunt aus: „Diese Oliven haben einen vorzüglichen Geschmack! Die Olivenhändler sollen uns sagen, wie lange sie in dem Krug verschlossen gewesen sind.“

Auch die Olivenhändler kosteten jetzt und sagten einstimmig: „Diese Oliven sind frisch und wohlschmeckend, sie sind von der diesjährigen Ernte."

„Das kann nicht sein", warf der Knabe ein. „Ali Kwadjah hat sie vor sieben Jahren hineingefüllt."

„Herr!", riefen die Olivenhändler. „Jeder weiß, dass wir unser ganzes Leben lang Olivenhändler gewesen sind, und dass wir fähig sind zu urteilen. Diese Oliven sind nicht früher als vor drei Monaten vom Baum genommen worden."

Da sprach der kleine Kadi zum Kaufmann: „Es hat sich also gezeigt, dass du ein Schurke und Dieb und noch dazu ein Lügner bist. Danach sollst du verurteilt werden."

Er sah den Kalifen Harun Al Raschid an und sagte demütig: „Herr, so habe ich die Untersuchung geführt. Es steht mir aber nicht zu, das Urteil zu sprechen und die Strafe vollziehen zu lassen. Ali Kwadjah soll aber die tausend Goldstücke wiederbekommen, die ihm gehören!"

Der hohe Herrscher ließ den Kaufmann, der seine Schuld bekannte, zum Scharfrichter führen; Ali Kwadjah bekam seine Goldstücke zurück und zu dem ersten Kadi, der falsch geurteilt hatte, sagte der Kalif: „So lass dich von einem Kind belehren, wie du in Zukunft weiser und gerechter urteilen kannst."

Dann schenkte der Kalif dem klugen kleinen Kadi zum Abschied hundert Goldstücke aus seiner Schatzkammer und befahl dem Wesir, ihn wieder nach Hause zu führen.

# Hans und die Bohnenranke

Es war einmal vor langer Zeit, da lebte eine Witwe mit ihrem Sohn Hans und der Kuh Milchweiß in einer kleinen Hütte. Jeden Tag verkauften sie die Milch ihrer Kuh auf dem Markt. Das reichte gerade so zum Überleben, sie blieben sehr arm und hatten oft nicht genug zu essen. Doch eines Tages gab Milchweiß keine Milch mehr.

Die Witwe war verzweifelt: „Was wird nun aus uns, Hans?"

„Sorge dich nicht, Mutter", sagte Hans, „ich werde mir eine Stellung suchen und Geld verdienen!"

Die Mutter aber wusste, dass ihr Hans nicht der Klügste war, und keiner im Dorf ihn als Lehrjungen haben wollte. Also schickte sie ihn zum Markt, um Milchweiß zu verkaufen. Von dem Geld wollte sie einen kleinen Laden betreiben.

Auf dem Weg zum Markt begegnete Hans einem seltsamen alten Männchen, das sagte zu ihm: „Guten Morgen, Hans!"

„Auch einen schönen guten Morgen", antwortete Hans und wunderte sich, woher das Männchen seinen Namen kannte.

Das Männchen holte fünf Bohnen aus einem Lederbeutel und schlug Hans vor, die Bohnen gegen die Kuh zu tauschen.

„Na, das könnte dir so passen!", rief Hans, denn er war klug genug zu wissen, dass dies kein guter Handel war.

„Hans, schau genau hin!", antwortete das Männchen. „Das sind keine gewöhnlichen Bohnen, diese hier sind Zauberbohnen! Pflanzt du sie in die Erde, so wachsen sie noch am selben Tag bis in den Himmel."

„Ist das wahr, was du mir erzählst?", fragte Hans.

„Oh ja", entgegnete das Männchen, „ansonsten kannst du dir deine Kuh wieder bei mir abholen!"

Da willigte Hans in den Handel ein und lief frohgemut wieder zur Mutter nach Hause.

„Du bist schon zurück? Und ohne Milchweiß. Sag Hans, hast du sie gut verkauft?", fragte die Mutter.

„Ach Mutter, du errätst nie, was ich für sie bekommen habe!", sagte Hans voller Stolz.

„Nun, mein guter Bub. Sind's zehn, gar fünfzehn, aber nein, zwanzig sind nicht möglich!"

„Ich wusste, du wirst es nie erraten. Was sagst du zu diesen Bohnen? Das sind Zauberbohnen! Pflanz sie ein über und ..."
„Was?", rief da die Mutter. „Bist du so ein Tölpel, so ein Dummkopf, so ein Narr und hast unsere liebe Milchweiß für ein paar Bohnen eingetauscht? Da, schau her, zum Fenster schmeiß ich sie hinaus, deine Zauberbohnen! Und mit dir, marsch ins Bett! Keinen Schluck und keinen Bissen bekommst du heute mehr."

Traurig stieg Hans in sein Dachkämmerlein. Es tat ihm leid, dass seine Mutter so böse war und er nun hungrig zu Bett gehen musste. Endlich schlief er ein.
Als er am Morgen aufwachte, sah seine Kammer sonderbar aus. Die Sonne schien hell in eine Ecke, ansonsten war das Zimmer dunkel und schattig. Hans lief zum Fenster und schaute erstaunt hinaus: Die Bohnen, die seine Mutter zum Fenster hinausgeworfen hatte, waren über Nacht zu großen Ranken gewachsen, die reichten bis hinauf zu den Wolken. Das Männchen hatte also die Wahrheit gesagt.
Der Bohnenstrauch wuchs genau an seinem Fenster entlang. Hans öffnete das Fenster, machte einen weiten Schritt auf die Bohnenranke hinauf und begann zu klettern. Höher, höher und immer höher, bis in den Himmel hinein.

Oben entdeckte er einen breiten Weg, dem folgte er, bis er an ein großes Haus kam. In der großen Tür stand eine sehr, sehr große Frau, die war eine Riesin.
„Guten Morgen, Frau Riesin", sagte Hans höflich, „hast du noch Frühstück übrig? Ich bin so hungrig, denn ich habe gestern rein gar nichts zu essen bekommen."
„Du willst Frühstück?", sagte die Riesin. „Pass lieber auf, dass du nicht selbst gefressen wirst. Mein Mann ist ein Riese, und er hat nichts lieber als geröstetes Bubenfleisch auf Brot. Gleich wird er hier sein."
„Oh bitte, gute Frau, gib mir etwas zu essen. Angst habe ich keine, denn eigentlich ist es mir egal, ob ich geröstet werde oder ob ich vor Hunger sterbe."

Die Frau des Riesen mochte Menschenkinder sehr gerne und daher führte sie Hans in die Küche und gab ihm eine große Scheibe Brot und Käse und einen Krug Milch. Hans hatte aber noch nicht aufgegessen, als schon von Weitem laute Schritte zu hören waren. Der Riese kam.

„Was soll ich nur mit dir machen?“, rief die Riesin erschrocken. „Schnell, versteck dich hier drin!“ Sie öffnete die Ofenklappe und half Hans hinein, gerade rechtzeitig bevor der Riese in die Stube trat.

Er war ein riesiger Riese und an seinem Gürtel hatte er drei Hirsche festgebunden, denn er war auf der Jagd. Er legte sic auf den Tisch und sagte: „Da, Frau, röste mir die paar zum Frühstück!“

Dann schaute er sich überrascht um: „Was riecht hier so fein? Ich rieche, rieche Menschenfleisch!“

„Oh nein, mein Lieber!“, sagte die Frau. „Du riechst nur die Überreste von dem kleinen Jungen, der dir gestern zum Frühstück so gut geschmeckt hat. Geh und wasch dir die Hände! Und wenn du zurückkommst, wird das Frühstück fertig sein.“

Kaum war der Riese zur Tür hinaus, wollte Hans fortlaufen, doch die Riesin sagte zu ihm: „Es ist noch zu gefährlich. Warte, bis er eingeschlafen ist! Er macht immer ein Päuschen nach dem Frühstück.“

Der Riese aß mit großem Appetit, dann ging er zu einem hohen Schrank und holte ein paar Beutel voller Goldstücke heraus, um sie zu zählen. Doch bald wurde er davon so müde, dass er noch am Tisch einschlief und so laut zu schnarchen begann, dass das ganze Haus wackelte.

Da kroch Hans leise auf den Zehenspitzen aus dem Ofen heraus, schaute sich um, nahm einen Beutel Gold unter seinen Arm und rannte so schnell er nur konnte davon. Dann kletterte er die Bohnenranke hinab, abwärts, immer abwärts, bis er wieder bei seinem Fenster war.
Er erzählte alles seiner Mutter, zeigte ihr das Gold im Beutel und sagte: „Schau, Mutter, was ich hier habe. Es sind doch Zauberbohnen und der Handel hat sich gelohnt."

Eine Zeit lang lebten die beiden glücklich und zufrieden von den Goldstücken aus dem Beutel. Doch irgendwann war der Beutel leer und sie wussten nicht, was sie anfangen sollten.
Hans beschloss, noch einmal sein Glück mit der Bohnenranke zu versuchen. Eines schönen Morgens kletterte er wieder die Bohnenranke hinauf. Höher, höher und immer höher, bis in den Himmel hinein.
Oben folgte er dem breiten Weg, bis er an das große Haus kam. In der Tür stand die Riesin.
„Guten Morgen, Frau Riesin", sagte Hans, „kannst du mir etwas zu essen geben? Ich bin schrecklich hungrig."
„Schnell, lauf lieber fort!", sagte die Riesin. „Mein Mann kommt gleich zurück, der wird auch schrecklich hungrig sein. Aber bist du nicht der kleine Junge, der schon einmal da war? Seit diesem Tag vermisst mein Mann einen Beutel Gold!"
„Na so was", sagte Hans, „ich glaube, ich weiß, wo der ist, aber ich bin so hungrig, dass ich nicht reden kann, bevor ich nicht gegessen habe."
Nun war die Riesin so neugierig, dass sie Hans hineinließ und ihm etwas zu essen gab. Kaum aber hatte er mit dem Essen begonnen, als von Weitem die Schritte des Riesen zu hören waren. Die Riesin versteckte Hans wieder in dem Ofen.
Nun war alles wie beim ersten Mal. Der Riese kam herein und sagte: „Ich rieche, rieche Menschenfleisch!"
Seine Frau besänftigte ihn und briet ihm drei Ochsen zum Frühstück.
Dann sagte er: „Frau, bring mir die Henne, die goldene Eier legt."
Da brachte die Riesin das Tier, und der Riese sagte: „Leg!" Da legte die Henne ein Ei, das war ganz aus Gold.
Und wieder begann der Riese einzunicken und zu schnarchen, dass das ganze Haus wackelte. Da kroch Hans auf den Zehenspitzen aus dem Ofen, schnappte sich die Henne und rannte so schnell er nur konnte davon. Aber auf einmal gackerte die Henne und der Riese wachte auf, gerade als Hans zur Türe hinauslief.
Der Riese rief: „Frau, was hast du mit meiner Henne gemacht?"
Und die Frau sagte: „Warum, mein Lieber?"
Mehr konnte Hans nicht hören, denn er eilte zur Bohnenranke und kletterte so schnell hinunter, als ob zehn Teufel hinter ihm her

wären. Als er nach Hause kam, zeigte er seiner Mutter die Wunderhenne und sagte: „Leg!“ Und die Henne legte ein goldenes Ei, sooft er es sagte.

Nun hätten sie bis an ihr Lebensende zufrieden leben können, aber Hans gingen die Bohnenranke und das Riesenhaus nicht aus dem Sinn. So beschloss er, nochmals sein Glück zu versuchen und kletterte hinauf. Höher, höher und immer höher, bis in den Himmel hinein.

Oben folgte er dem breiten Weg, bis er an das große Haus kam. Doch dieses Mal wollte er es klug anstellen und versteckte sich in der Nähe des Hauses hinter einem Busch. Als die Riesin mit einem Eimer zum Brunnen ging, um Wasser zu holen, lief er schnell ins Haus und versteckte sich in einem Kupferkessel.
Bald darauf hörte er laute Schritte und der Riese und seine Frau kamen herein.

„Ich rieche, rieche Menschenfleisch“, rief der Riese.
Und seine Frau sagte: „Dann ist es gewiss der kleine Junge, der das Gold und die Henne gestohlen hat. Bestimmt hat er sich wieder im Ofen versteckt.“
Sofort schauten beide im Ofen nach, aber zum Glück war Hans nicht dort. Da sagte die Riesin: „Du hast dich mal wieder geirrt, mein Lieber. Bestimmt riechst du noch etwas von dem Jungen, den ich dir gestern zum Frühstück geröstet habe. Nach so vielen Jahren solltest du doch endlich einmal den Unterschied zwischen lebendigen und gerösteten Buben erkennen!“
So setzte sich der Riese wieder zum Frühstück hin, aber alle Augenblicke murmelte er: „Ich bin mir ganz sicher ...“ Es ließ ihm keine Ruhe und er stand auf und suchte in der Speisekammer, in den Schränken, unterm Tisch – überall. Zum Glück aber dachte er nicht an den Kupferkessel.
Dann rief er schließlich: „Frau, bring mir die goldene Harfe!“
Da brachte ihm die Frau die Harfe und er stellte sie vor sich auf den Tisch. Dann sagte er: „Sing!“
Da begann die goldene Harfe ganz wundervoll zu singen. Es klang allerliebst, zart und fein. Sie sang und sang, bis der Riese einschlief und so laut schnarchte, dass das ganze Haus wackelte.
Ganz leise schlüpfte Hans aus dem Kupferkessel und schlich auf Zehenspitzen zum Tisch. Schnell schnappte er sich die goldene Harfe und rannte mit ihr zur Türe. Aber da rief die Harfe ganz laut: „Meister! Meister!“
Dieses Mal erwachte der Riese gerade noch rechtzeitig, um Hans mit der Harfe aus dem Haus laufen zu sehen.
Hans rannte, so schnell er konnte, der Riese ihm nach, fast schon hatte er ihn eingeholt. Aber Hans schlug ein paar Haken, wie es die Hasen tun, um den Riesen zu täuschen. Als er zu der Bohnenranke kam, war der Riese nur noch zehn Schritte hinter ihm.
Schnell kletterte Hans hinab, der Riese stand da und schaute verwundert auf die Bohnenranke. Der Riese wagte nicht, auf solch einer Leiter vom Himmel zu klettern, denn er war ja so schwer.
Aber in diesem Augenblick rief die Harfe wieder: „Meister! Meister!“
Da schwang sich der Riese auf die Bohnenranke, die unter seinem Gewicht gewaltig schaukelte. Immer tiefer kletterte Hans, er kletterte, kletterte und kletterte, und hinter ihm der Riese.
Schon bald konnte Hans das Haus sehen und rief: „Mutter! Mutter, bring mir eine Axt! Bring mir eine Axt!“

Und seine Mutter stürzte aus dem Haus mit einer Axt in der Hand. Aber wie erschrak sie, als sie den Riesen mit seinen Beinen durch die Wolkendecke herabklettern sah. Hans war mit einem Satz unten, ergriff die Axt und begann, mit kräftigen Schlägen die Bohnenranke zu fällen. Der Riese spürte, wie die Bohnenranke schwankte und bebte. Da schlug Hans wieder zu und hieb die Bohnenranke entzwei. Sie wankte und knickte zusammen, der Riese aber stürzte kopfüber hinunter und brach sich das Genick. Die Bohnenranke stürzte über ihn und begrub ihn.
Als Hans sich von diesem Schrecken erholt hatte, zeigte er seiner Mutter die goldene Harfe. Von nun an lebten sie vom lieblichen Gesang der Harfe und den goldenen Eiern. Und sie wurden sehr reich. Hans heiratete eine schöne Prinzessin, und sie lebten glücklich bis an ihr Lebensende.

# Hänsel und Gretel

Am Rande eines großen Waldes lebte einmal ein Holzfäller mit seiner Frau und zwei Kindern. Der Junge hieß Hänsel und das Mädchen Gretel. Die Familie war sehr arm, und als sie nicht einmal mehr genug zu essen hatten, sagte der Mann eines späten Abends zu seiner Frau: „Ich weiß nicht, wie es weitergehen soll."

Da antwortete die Frau: „Wir führen die Kinder morgen tief in den Wald hinein, geben jedem noch ein Stück Brot, und dann lassen wir sie dort zurück."

„Das können wir nicht tun", erwiderte der Mann, „die wilden Tiere würden kommen und sie fressen."

Aber die Frau drängte ihn: „Wenn wir das nicht tun, dann sterben wir alle vier vor Hunger." Sie ließ ihm keine Ruhe, bis er schließlich schweren Herzens einwilligte.

Hänsel und Gretel hatten das Gespräch mitangehört, weil sie vor Hunger nicht hatten schlafen können.

Gretel fing bitterlich an zu weinen, aber Hänsel tröstete sie und sagte: „Ich werde uns schon helfen."

Als die Eltern eingeschlafen waren, schlich er sich hinaus und steckte eine große Handvoll Kieselsteine in seine Tasche.

Am nächsten Tag brach die Familie schon früh auf, und jedes Kind bekam ein Stück Brot zugesteckt. Als sie ein Stück gegangen waren, blieb Hänsel stehen und schaute zurück zum Haus, und ein Stückchen weiter noch einmal und noch einmal.

„Hänsel, wo bleibst du?", rief der Vater.

„Ich sehe nach meinem weißen Kätzchen, das sitzt auf dem Dach und will mir ‚Auf Wiedersehen' sagen", antwortete Hänsel. Tatsächlich hatte Hänsel nicht nach dem Kätzchen gesehen, sondern immer einen von den weißen Kieselsteinen aus seiner Tasche auf den Weg geworfen.

Als sie an ihrem Ziel angekommen waren, machte der Vater ein Feuer, und die Mutter sagte: „Ihr zwei legt euch ans Feuer und ruht euch aus. Vater und ich gehen in den Wald und hacken Holz. Wenn wir fertig sind, kommen wir wieder und holen euch ab."

Hänsel und Gretel setzten sich an das Feuer und warteten. Sie hörten die Schläge der Holzaxt und dachten, die Eltern seien in der Nähe. Was sie hörten, war aber nicht die Holzaxt des Vaters, sondern ein Ast, den die Eltern an einen dürren Baum gebunden hatten, und der im Wind hin und her schlug. Schließlich fielen ihnen vor Müdigkeit die Augen zu, und als sie erwachten, war es stockdunkel.

Gretel bekam Angst und wimmerte: „Wie sollen wir nur jemals aus dem Wald herausfinden?"

Hänsel aber tröstete sie: „Warte nur, bis der Mond aufgegangen ist, dann werden wir den Weg schon finden."

Und tatsächlich leuchteten die Kieselsteine im Mondlicht hell auf und zeigten den Kindern den Weg nach Hause.

Der Vater freute sich, die Kinder wiederzusehen, denn er hatte es bereut, dass sie die beiden im Wald zurückgelassen hatten.

Wenig später war das Essen abermals knapp, und eines Nachts sagte die Frau erneut: „Wir haben nur noch ein halbes Brot, das reicht nicht zum Überleben für uns alle. Wir müssen die Kinder loswerden, sonst müssen wir alle vier vor Hunger sterben. Diesmal führen wir sie tiefer in den Wald, damit sie nicht wieder hinaus finden."

Die Kinder hatten auch dieses Gespräch mitangehört. Aber als Hänsel sich wieder

hinausschleichen und die Taschen mit Kieselsteinen füllen wollte, merkte er, dass die Frau die Tür abgeschlossen hatte.
Am nächsten Morgen bekamen die Kinder jeder ein Stück Brot, dann brachen sie auf und liefen in den Wald hinein. Da Hänsel dieses Mal keine Kieselsteine hatte, zerbröselte er sein Brot und streute die Brotstückchen auf den Weg.

Die Eltern führten die Kinder weiter in den Wald hinein, als sie jemals zuvor gewesen waren. Wieder machte der Vater ein Feuer, und die Mutter sprach: „Ruht euch am Feuer aus. Wir gehen in den Wald und hacken Holz, und wenn wir fertig sind, kommen wir wieder und holen euch ab."
Als es Mittag wurde, teilte Gretel ihr Stückchen Brot mit Hänsel, der seines ja auf den Weg gestreut hatte. Dann schliefen die Kinder ein und erwachten erst wieder, als es dunkel war.
Sie warteten, bis der Mond aufging, aber als sie nach den Brotkrumen Ausschau hielten, konnten sie keine entdecken, denn die Vögel hatten sie allesamt aufgepickt.
Nun liefen die Kinder im Mondschein mal hin und mal her, suchten nach Stellen, die ihnen vertraut vorkamen, und gerieten so immer tiefer in den dunklen Wald.

Am dritten Morgen entdeckten sie in der Ferne ein schwaches Licht, und als sie näher kamen, stand da ein kleines Haus auf einer Lichtung. Es war ganz aus Brot gebacken, die Dachziegel waren aus Kuchen und die Fenster aus Zucker.
„Das wollen wir probieren!", rief Hänsel froh und brach für Gretel ein Stück von einem Fenster ab. Für sich selbst holte er ein Bröckchen Kuchen vom Dach. Als sie hungrig hineinbissen, erklang aus dem Haus eine Stimme: „Knusper, knusper, knäuschen, wer knuspert an meinem Häuschen?"
Die Kinder antworteten: „Der Wind, der Wind, das himmlische Kind!", und aßen weiter, ohne sich aus der Ruhe bringen zu lassen.
Da ging auf einmal die Tür auf, und eine uralte Frau trat heraus. Hänsel und Gretel erschraken, aber die Frau wackelte mit ihrem Kopf und säuselte mit zuckersüßer Stimme: „Ihr lieben Kinderlein, kommt doch mit mir in mein Haus." Sie fasste beide an den Händen und zog sie in ihr wundersames Häuschen.
Drinnen deckte sie einen Tisch und servierte Pfannkuchen mit Zucker und Äpfeln, Honig und Nüssen, und dazu bekamen die Kinder warme Milch zu trinken. Dann brachte sie Hänsel und Gretel in eine kleine Kammer mit zwei frisch bezogenen Betten, und die Kinder legten sich erschöpft hin und schliefen sofort ein.
Die Alte aber war in Wirklichkeit eine Hexe, die die Kinder nur angelockt hatte, um sie später zu verspeisen.

Während die zwei noch friedlich schliefen, trug sie Hänsel nach draußen und sperrte ihn in einen Hühnerstall.

Dann rüttelte sie Gretel wach und schrie: „Steh auf, du Faulenzerin! Setz Wasser auf und koch deinem Bruder was Gutes, damit der magere Kerl zunimmt. Wenn er fett genug ist, will ich ihn essen!“ Gretel begann zu weinen, aber es half nichts, sie musste tun, was die böse Hexe ihr auftrug.

So bekam Hänsel täglich das beste Essen, Gretel aber wurde höchstens ein schimmeliges Stück Brot hingeworfen.

Jeden Tag lief die Hexe zum Stall und verlangte: „Hänsel, streck deinen Finger heraus!“, weil sie prüfen wollte, ob er schon zugenommen hatte. Aber Hänsel streckte nicht seinen Finger, sondern einen Hühnerknochen durch das Gitter.

Die Alte hatte schlechte Augen und konnte nichts erkennen, sie wunderte sich nur, dass der Junge gar nicht dicker wurde.

Nach einigen Wochen verlor sie schließlich die Geduld und wollte nicht mehr länger warten.

„He Gretel!“, rief sie dem Mädchen zu. „Hol Wasser her! Jetzt gibt’s ein Festmahl, ob Hänsel nun mager ist oder fett! Aber zuerst wird Brot gebacken.“

Im Ofen flackerte schon ein Feuer, und die Hexe schubste Gretel zum Ofen. „Kriech hinein und sieh nach, ob er schon heiß genug ist“, befahl sie dem Mädchen. Sobald es drinnen wäre, wollte sie hinter ihm die Ofentür zumachen und die Kleine braten.

Gretel aber merkte, dass die Alte etwas Böses im Sinn hatte, und sagte: „Ich weiß nicht, wie das geht. Wie komme ich denn da hinein?“

„Dumme Gans“, brummelte die Hexe, „die Öffnung ist groß genug. Sieh nur, selbst ich würde hineinpassen.“

Um es ihr zu zeigen, steckte die Hexe den Kopf in den Ofen. Da gab das Mädchen ihr einen Stoß, sodass die Hexe in den Ofen fiel und jämmerlich verbrannte.
Gretel lief schnurstracks zu ihrem Bruder, öffnete den Stall und rief: „Hänsel, die alte Hexe ist tot. Wir sind frei!"
Da umarmten sich die Kinder glücklich und gingen in das Haus der Alten.
Dort fanden sie in den Schränken und Truhen lauter Reichtümer: Perlen und Edelsteine, Goldmünzen und Silber. Hänsel stopfte sich in die Taschen, was er tragen konnte, Gretel füllte ihr Schürzchen, und dann machten sich die beiden auf den Heimweg.
Nachdem sie ein Weilchen gegangen waren, kam ihnen der Wald immer bekannter vor, und schließlich erkannten sie in der Ferne das Haus ihres Vaters. Sie stürzten hinein und fielen ihm um den Hals. Er hatte keine frohe Stunde mehr gehabt, seit er seine Kinder im Wald verlassen hatte, und war überglücklich, sie wiederzuhaben.
Die Mutter war in der Zwischenzeit gestorben, und mit den Reichtümern der alten Hexe hatten alle Sorgen ein Ende.

„Wie man nur so dumm daherreden kann“, rief der Hase aufgebracht. „Du weißt genau, dass du dich mit mir nicht messen kannst. Ich bin der Schnellste weit und breit und von dir wissen alle, dass du noch langsamer als eine lahme Schnecke bist. Deine Worte ärgern mich, du Wackelkopf!“

Nun muss man wissen, dass das Wort Wackelkopf die schlimmste Beleidigung für eine Schildkröte ist, doch die kleine Schildkröte lächelte nur.

„Reg dich nicht auf“, sagte sie mit milder Stimme. „Machen wir einen Wettlauf. Dann werden wir ja sehen, wer der Bessere ist.“

Der Hase wurde bei diesem Ansinnen rot und blass vor Wut. „Was für eine Frechheit!“, schrie er und seine Stimme überschlug sich. „Dieser Knirps da, der nur kriechen kann, will mit mir um die Wette laufen! Aber gut, ich nehme die Herausforderung an.“

Der König, der belustigt zugehört hatte, stimmte dem Wettlauf zu. Die Tiere suchten sogleich ein geeignetes Gelände aus und beschwatzten dabei ausgiebig das Ereignis. Die Schildkröte tippelte in ihr Dorf und lud noch am selben Abend alle Verwandten und Bekannten zu einer wichtigen Besprechung ein.

Als der Letzte auf dem Hof war, schob sie einen dicken Balken vor das Tor, damit sich kein Fremder einschlich, und sprach: „Liebe Freunde und Brüder! Ihr habt bestimmt schon gehört, dass morgen ein Wettlauf zwischen mir und dem Hasen stattfinden soll. Ich habe euch zusammengerufen, weil ich ohne euch nichts ausrichten kann. Gewinne ich, gewinnt auch ihr. Verliere ich, verliert auch ihr. Man würde euch verspotten, solange es Hasen gibt auf der Erde. Wollt ihr mir helfen?“

Da nahm eine steinalte Schildkröte das Wort. „Es ist alles richtig, was du sagst, Jungelchen. Natürlich stehen wir dir bei. Doch wenn zwei wetten, muss einer verlieren, und ich frage mich, wie du diesen Lauf gewinnen willst? Wir Schildkröten haben es seit eh und je mehr in den Köpfen als in den Beinen gehabt. Die sind nun einmal klein und krumm. Hast du den Verstand verloren, dass du mit dem Hasen um die Wette laufen willst?“

„Ich habe einen Plan“, sagte die kleine Schildkröte einfach. „Und jetzt tut, was ich sage. Alle Schildkröten, die so groß sind und genauso gefärbt, stellen sich zu mir.“

Es entstand ein großes Gewimmel. Die Schildkröten wackelten mit ihren Köpfen, schubsten sich und drängelten nach vorn. Jede wollte dabei sein. Die kleine Schildkröte ging von einem Tier zum anderen und nannte eine Zahl.

„Nummer eins“, sagte sie, „du versteckst dich unter dem Strauch, der fünfzig Schritt hinter dem Start steht. Wenn du bemerkst, dass der

Hase herankommt, dann lauf ein Stück. Ich schlüpfe indessen in den Strauch, sodass der Hase, wenn er sich umdrehen sollte, niemanden auf der Bahn erblicken kann. Nummer zwei, du läufst weitere fünfzig Schritt voraus …"

Auf diese Weise stellte die Schildkröte ihre Verwandten und Bekannten auf der ganzen Strecke auf. Der letzten Schildkröte gab sie noch besondere Ratschläge mit auf den Weg, um sicherzustellen, dass sie auch wirklich als Erste durchs Ziel lief. Bevor sie auseinandergingen, brachte die kleine Schildkröte ihnen noch ein Lied bei. Sie sollten es singen, wenn der Hase in Sichtweite käme. So wüsste gleich die nächste Schildkröte Bescheid, dass der Hase auftauchen würde. Und das Lied ging so:

„Der Hase rennt von früh bis spät,
auch der kommt weit, der langsam geht."

Am folgenden Tag rückten bereits in der Frühe viele Tiere auf dem Platz an. Die Sonne schien nicht zu kalt und nicht zu heiß. Der Wind strich sanft über das Savannengras. Hoch am blitzeblauen Himmel segelte eilig eine weiße Wolke herbei. Es war wie ein Festtag. Alle Tiere glaubten, dass der Hase siegen würde. Als sie die kleine Schildkröte schwerfällig umherkriechen sahen, kicherten sie, und manche lachten laut heraus. Doch die kleine Schildkröte verzog nicht einmal den Mund.

Der Hase war so ärgerlich über die Zumutung gewesen, mit einer erbärmlichen Schildkröte um die Wette laufen zu müssen, dass er die ganze Nacht kein Auge zugemacht hatte. Nun wollte er den anderen beweisen, was für ein Tollpatsch sie war.

Der König hatte einige Tiere zu Schiedsrichtern ernannt. Sie standen am Anfang und Ende der Bahn. Endlich kam das Zeichen: „Achtung – fertig – los!“

Der Hase jagte wie ein Sturmwind über den Platz. Bald jedoch schien es ihm unsinnig, so schnell zu laufen, und er wandte sich um, doch von einer Schildkröte war nichts zu sehen. Also blickte er wieder nach vorn und da entdeckte er sie mitten auf der Bahn. Sie krabbelte mit aller Kraft.

Der Hase stutzte. ‚Das geht doch nicht mit rechten Dingen zu‘, dachte er und hetzte weiter. Als er sich ein zweites Mal umsah, war wieder niemand hinter ihm. Doch als er vorwärtsblickte, gewahrte er sie auf der Bahn. Ihr Rücken war mit Tau bedeckt. Da dachte der Hase: ‚Es werden Schweißtropfen sein‘, und rannte noch schneller. Als er an ihr vorbeikam, rempelte er sie an und sagte höhnisch: „Wackelkopf!“

Doch in Wirklichkeit war ihm himmelangst. Er konnte rennen wie ein Blitz, die Schildkröte war ihm immer voraus. Und jedes Mal sang sie aus voller Kehle:

„Der Hase rennt von früh bis spät,
auch der kommt weit, der langsam geht.“

Und da war schon das Ende der Bahn.

Der Hase warf sich mit letzter Kraft ins Ziel. Doch kurz zuvor konnte er noch hören, wie die Zuschauer jubelten. Sie feierten die Schildköte, die vor ihm ins Ziel gekrochen war. Der Hase war so erschöpft, dass er japsend zu Boden fiel. Die Tiere drängten sich um die Schildkröte und beglückwünschten sie zu ihrem großartigen Sieg.

„Es war nicht besonders schwer für mich“, schnaufte die Schildkröte. „Ich habe nicht einmal geschwitzt.“

Die Schiedsrichter suchten sogleich den König auf, um ihm vom Ausgang des Wettlaufs zu berichten. Zuerst wollte es der Löwe nicht glauben, dass der Hase unterlegen war, doch dann hörte er die Hochrufe auf die Schildkröte und er brach in lautes Lachen aus.
Und da kam auch schon die Schildköte mit all ihren Verwandten und Bekannten angewackelt. Und mit der Familie kamen auch die anderen Tiere.
Als die Menge ruhig wurde, wandte sich der König an die Schildkröte: „Wie hast du es fertiggebracht, den Hasen zu besiegen?“
„Allein hätte ich es niemals geschafft“, sagte die kleine Schildkröte. „Nur mithilfe meiner Freunde gelang mir der Triumph. Wir haben durch Gemeinsamkeit gesiegt.“
„Du sagst ‚wir‘. Bist du denn nicht allein gerannt? Doch wo steckt der Hase? Ich will, dass auch der Hase erscheint.“
Und so schickte man nach dem Hasen, der zu Hause war und sich bis ins Herz schämte. Er trat mit gesenktem Kopf und mit hängenden Ohren vor den König, doch er kam nicht allein. Alle seine Verwandten und Bekannten hatten ihn auf seinem schweren Gang begleitet.
Der König sprach dem Sieger seine Glückwünsche aus, ohne den Besiegten zu vergessen. Der habe wohl nur einen schlechten Tag gehabt, meinte der König. Doch er brauche ihn ja nicht zu trösten, da er nicht allein gekommen sei. Gemeinsam ließe es sich wohl auch leichter traurig sein.
An dieser Stelle lächelte der König. Er war klug genug, nicht noch einmal nach dem Grund für den Sieg der kleinen Schildkröte zu fragen. Das bekäme er sowieso bis zum Abend heraus, denn er wusste, dass die Wahrheit manchmal einen langen Atem hat. Man kann sie drücken und verrücken, zerdrücken aber lässt sie sich nicht. Der König erhob seine Stimme.
„Die Schildkröte hat uns gezeigt, wie man gemeinsam siegen kann. Lasst uns den Wettlauf nicht vergessen. Er soll uns eine Lehre sein.“

Seitdem taten die Tiere vieles gemeinsam. Die Vögel zogen in Schwärmen am Himmel. Schakale rotteten sich zu Rudeln zusammen. Antilopen suchten in der Herde Zuflucht. Die Termiten gründeten sogar einen Staat. Nur der Hase verlässt sich nach wie vor auf seine Beine und lebt gern allein.

# Der Juwelenacker

Es war einmal ein Bauernjunge namens Ingmar. Er war so arm, wie ein Mensch nur sein konnte, denn er besaß nichts weiter als einen Acker, auf dem die Steine so dicht lagen, dass kaum ein Grashalm sich zwischen ihnen hindurchdrängte.

Das war sein Erbteil nach dem Tod seines Vaters gewesen, alles andere hatten seine älteren Brüder unter sich aufgeteilt.

Deshalb verdingte er sich als Knecht bei einem Bauern unten im Dorf und traf es dort weder gut noch schlecht. Aber der Bauer hatte eine Tochter, Maja Lena, die war so schön und konnte so herrliche Fleischwurst zubereiten, dass Ingmar sich bald in sie verliebte. Und so stiefelte er eines Tages in die Stube des Bauern und bat ihn um die Hand seiner Tochter.

Der Bauer fragte ihn, ob er noch alle Sinne beisammen hätte. Wo um alles in der Welt wollten sie wohnen, und wovon wollten sie leben? Ja, wenn er seinen eigenen Acker bestellen würde und einen eigenen Hof gebaut hätte, für den man sich nicht schämen müsste, dann könnte er wiederkommen und noch einmal vorsprechen.

Ingmar schaute zu Boden und trat enttäuscht aus der Stube des Bauern.

Als es Abend wurde, ging er zu seinem Acker und fing an, Steine wegzuräumen. Er hatte ja sonst keine Zeit dazu, weil er tagsüber bei dem Bauern arbeitete. Er seufzte eins ums andere Mal, wenn er sich ausmalte, dass er so jede Nacht in den folgenden zehn Jahren würde zubringen müssen, um seinen Acker ganz von Steinen zu befreien. Mehrmals war er drauf und dran, die Hacke wegzuwerfen und sich auf den nächstbesten Heuhaufen schlafen zu legen, aber dann fiel ihm die schöne Maja Lena und ihre köstliche Fleischwurst ein, und er räumte weiter Steine weg.

Auf einmal war ihm, als bewege sich etwas am Rande des Grabens, und als er genauer hinsah, erblickte er ein Riesenmädchen zwischen den Wacholdersträuchern, das ihn neugierig anschaute. Der Mund der Riesin klaffte so breit wie eine Bergschlucht, ihre Augen glichen zwei ungeheuren Milchschalen mit einem Klacks Grütze drin, und zottiges, grüngelbes Haar hing um ihre Ohren wie Erbsenranken.

Zuerst war Ingmar ein wenig verdutzt, doch er arbeitete weiter und ließ sich nichts anmerken. In jener Gegend wohnten nämlich noch Riesen in den Bergen, und einige Male hatte er sie schon schattenhaft am Waldrand auftauchen sehen.

„Guten Abend“, sagte das Riesenmädchen, als es sah, dass seine Anwesenheit nicht unbemerkt geblieben war. „Suchst du einen Schatz, dass du dich mitten in der Nacht anschickst zu graben?“

Nun hatte Ingmar gehört, dass die Riesen unerhört dumm seien, und so dachte er sich, er könne das Riesenmädchen auf die Probe stellen.

„Aber klar“, antwortete er, „du musst wissen, dass ich einen ganzen Acker voll Juwelen gefunden habe, und die grabe ich jetzt aus, um sie in der Stadt zu verkaufen.“

Das Riesenmädchen hob einen Stein auf und betrachtete ihn. Es wendete ihn einige Male hin und her, aber schließlich sah es noch dümmer drein als vorher.

„Das sind doch nur gewöhnliche graue Steine“, sagte die Riesin.

„Ja, da sieht man's wieder“, entgegnete der Bauernjunge. „Die Riesen sind so dumm, dass sie nicht erkennen können, was wirklich schön ist. Das sind lauter violette Amethysten! Und wenn man sich das Feld anschaut, liegt über der Fläche ein violetter Schimmer. Aber dass du das nicht sehen kannst, ist ja klar. Würdest du es gefälligst bleiben lassen, an meinen schönen Steinen herumzufingern!“

Die Riesin ließ den Stein gehorsam fallen. Aber da er so schön und wertvoll sein sollte, schaute sie ihn sich noch einmal genauer an.

„Hör mal“, sagte sie plötzlich, „jetzt kann ich sehen, dass er violett ist.“

„Potzblitz! Was du nicht sagst!“, rief der Junge.

„Könntest du mir nicht einen einzigen kleinen Stein geben, wo du doch so viele hast?“

„Bist du völlig übergeschnappt?“, rief der Junge. „Auf dem Markt bekomme ich mindestens zehn Kronen für die, die kaum erbsengroß sind.“

„Ja, aber wenn ich dir nun helfe, sie auszugraben und wegzuräumen, kann ich wohl ein paar dafür bekommen?“

Ingmar schielte zu ihr hinüber, als würde er sich den Vorschlag durch den Kopf gehen lassen. „Einen sollst du haben“, sagte er. „Das ist mehr als genug. Aber dafür musst du dich auch tüchtig ranhalten.“

Davon konnte er sich überzeugen. Flugs hatte sie sich aufgerichtet und stand jetzt da, lang wie ein Maibaum. Dann bückte sie sich, füllte ihre Schürze mit Steinen, leerte sie auf einen Haufen, den Ingmar schon aufgetürmt hatte, und hielt es so die ganze Nacht hindurch, bis der Morgen graute und sie es nicht länger wagte, auf freier Flur zu bleiben. Aber da war schon ein Viertel des Ackers frei von Steinen und schwarze, weiche Erde war zum Vorschein gekommen. Ingmar suchte umständlich unter den grauen Steinen, als würde er sorgfältig prüfen, dass er ihr auch keinen zu wertvollen gäbe. Schließlich warf er ihr einen zu, der so groß war wie ein Krautkopf.
„So, den kannst du haben“, sagte er. „Eigentlich ist das viel zu viel, aber was soll's! Hab dein Vergnügen damit!“

Die Riesin war so glücklich, dass sie den groben Stein küsste und in drei wahrhaft riesengroßen Sätzen zum Berg zurücksprang. Und als sie in ihrer Kammer war, zog sie die Nadel aus ihrem Halstuch, bohrte ein Loch durch den Stein, fädelte ihn auf eine Schnur und hängte ihn sich um den Hals.

Es traf sich wirklich gut, dass sie sich so fein herausputzen konnte, denn sie war mit ihren Eltern zu einem Festmahl beim Riesenkönig eingeladen. Aber sie verlor zu Hause kein Wort über ihren Schatz. Das kostbare Juwel sollte eine Überraschung für die ganze Tischgesellschaft werden.

Und das wurde es auch. Als sie im großen Königssaal unter den vielen Hofleuten stand und ihr Halstuch abnahm, sodass man den Steinbrocken sehen konnte, ging ein erstauntes Gemurmel durch den Raum, und dann fragten alle wie aus einem Mund, was das denn für ein Schmuck sei.
„Herrje, liebes Kind!“, rief ihre Mutter, die alte Riesin, „wenn mich nicht alles täuscht, ist das ein ganz gewöhnlicher grauer Stein!“
Da lachte das Riesenmädchen und erzählte, wie es zu dem Stein gekommen war. Es erzählte von dem großen Juwelenacker, der vor lauter Amethysten violett schimmerte, und dass Riesen im Allgemeinen kaum erkennen könnten, wie schön die Steine seien.

„Hm …“, ließ sich da eine vornehme alte Riesin vernehmen, die, um genauer zu sehen, ein Stückchen Bergkristall prüfend vor das zusammengekniffene Auge hielt, „ich meine fast sehen zu können, dass der Stein ein bisschen violett schimmert.“
Da sprangen auch die beiden Riesenprinzessinnen herbei, um den Stein aus der Nähe zu betrachten.

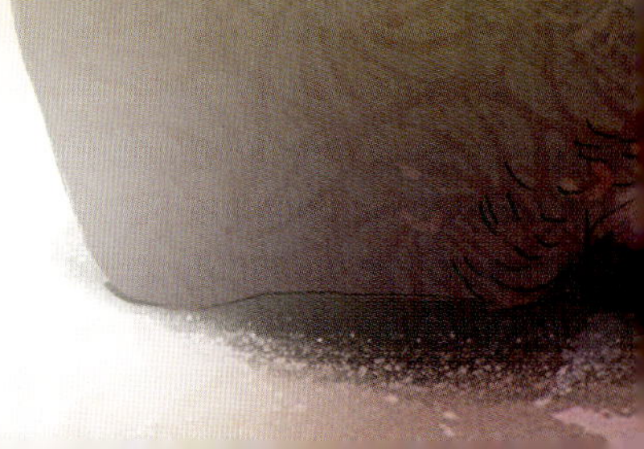

„Natürlich ist er violett!“, riefen sie. „Und wie er glänzt! Man könnte ja glatt blind werden, wenn man zu lange hinschaut!“ Sie verdeckten ihre Augen mit den Händen, um sie zu schützen. Dann wollten alle im Saal den Stein sehen. Und das Riesenmädchen wurde als glückliche Besitzerin des Steins so umschwärmt und gefeiert, dass sie, ehe das Festmahl ein Ende fand, mit einem jungen Riesenkavalier verlobt war, dem zwei große Berge und fünf Hügel gehörten.

Am nächsten Abend ging Ingmar wieder zu seinem Steinacker und hackte und räumte Steine weg, während er sich ab und zu verstohlen umsah, ob er nicht vielleicht auch diese Nacht tüchtige Hilfe bekäme.

Es dauerte gar nicht lang, bis er riesige Milchschalen-Augen aufglänzen sah, und diesmal lagen gleich zwei Riesenmädchen bäuchlings auf dem Waldhügel und glotzten ihn an. Es waren die beiden Riesenprinzessinnen, denen der Amethysten-Acker nicht mehr aus den Köpfen gegangen war, sodass sie ihn unbedingt mit ihren eigenen Augen sehen wollten.

„Guten Abend“, riefen sie, sobald sie merkten, dass Ingmar sie entdeckt hatte. „Kannst du ein wenig Hilfe gebrauchen?“
„Ach, das bleibt sich gleich!“, antwortete Ingmar, der nicht zeigen wollte, wie dringlich er darauf wartete.
„Wir würden es fast umsonst tun. Nur zwei Steine für jede von uns, weil wir gern Ohrringe daraus hätten.“
Ingmar kratzte sich am Kopf. „Nun ja“, sagte er, „natürlich ist das viel zu viel, aber eine Ausnahme wird man ja wohl machen können.“
Im Nu waren die beiden Riesenmädchen aufgesprungen, schürzten ihre Röcke, füllten sie mit Steinen und leerten sie wieder und wieder, sodass im Morgengrauen der Acker zu drei Vierteln sauber und frisch gepflügt dalag. Ingmar gab jeder von ihnen zwei Steine, und dann sprangen sie außer sich vor Freude nach Hause, um Löcher in die Steine zu bohren und alle Hofdamen mit ihren wertvollen Ohrgehängen neidisch zu machen.

Am dritten Abend war Ingmar wieder auf seinem Acker und hackte und räumte Steine weg. Dabei schaute er sich immer wieder um, ob er auch diese Nacht Hilfe bekommen würde. Jedoch kein Riesenmädchen war zu sehen.
Dafür stand plötzlich eine andere hohe Gestalt zwischen den Birken am Graben. Es war der Riesenkönig selbst in seinem grauen Wettermantel, die Ausgeh-Krone aus Eisen auf dem Haupt. Seine Erscheinung war so gewaltig, dass Ingmar sich höflich verneigte.
„Guten Abend“, sagte der Riesenkönig. „Du bist ein emsiger Bursche! Aber man braucht sich mit Kleinigkeiten wirklich nicht so schrecklich herumzuplagen, wie du das tust.“ Mit diesen Worten legte er seinen grauen Mantel auf den Boden und sammelte Steine darauf. Als kein Stein mehr darauf passte, war der Acker rein und weich wie das fruchtbarste Saatfeld.
Dann leerte der Riese seinen Mantel, zeigte auf den gewaltigen Haufen und sagte: „Jetzt lass uns miteinander reden! Willst du mir diesen Steinhaufen verkaufen? Ich würde mir gern einen Thron daraus bauen, denn meiner ist bloß aus Diamanten, und Amethysten sollen heutzutage ja vornehmer sein.“

Ingmar kratzte sich hinterm Ohr und starrte ihn an. „Bist du ein so reicher Mann, dass du genügend Geld für den ganzen Haufen hast?"
Da lachte der Riesenkönig auf, dass man meinte, Donner grollen zu hören. „Ich!", sagte er. „Ich, der zwanzig Kammern voller Silber, zehn voller Gold und fünf voller Edelsteine habe! Du kannst zehn Tonnen mit Gold dafür haben!"
Das war ein anständiges Angebot.

Ingmar konnte nicht anders als Ja sagen und seine Mütze noch einmal lüften. Dann stampfte der Riesenkönig zweimal fest auf, und sofort waren zwei Riesen zur Stelle. Der König befahl ihnen, zehn Tonnen Goldes herbeizuschaffen und Säcke für die Juwelen mitzubringen. Im Nu waren sie mit einer Horde anderer Riesen auch wieder zurück, rollten die Tonnen mit dem Gold herbei und füllten ihre Säcke mit den grauen Steinen.

Die Säcke auf den Schultern, zogen sie dann nach Hause, allen voran der Riesenkönig, dessen Gesicht wie der Vollmond strahlte, denn er glaubte, er habe nun einen Thron, wie kein anderer König der Welt ihn je besessen hatte. Und darin hatte er wohl recht. Ingmar aber füllte seine Taschen mit Gold, vergrub seine Goldtonnen, und als der Morgen graute, stapfte er in die Stube des Bauern und bat ihn, sich seinen Acker anzuschauen. Der Bauer kam, Maja Lena trottete hinterdrein, und beide standen sie sprachlos vor Staunen, als sie sahen, wie rein und weich und schwarz der Acker war. „Den Hof hast du aber noch nicht gebaut!", besann sich der Bauer und stemmte die Hände in die Hüften.

„Das hier ist für das Haus und das für den Viehstall, das hier für Scheuer und Tenne. Und sollte ich sonst noch etwas brauchen, so werde ich hiervon nehmen", sagte Ingmar und ließ die Goldstücke aus seinen Taschen rieseln und achtlos auf den Boden rollen.

Da wurden die Augen des Bauern und seiner Tochter noch einmal so groß. Ingmar jedoch baute einen Hof und richtete ihn vornehmer ein als ein Königsschloss. Und dort lebte er glücklich und zufrieden mit seiner Maja Lena und aß seine Fleischwurst morgens, mittags und abends, bis ans Ende seiner Tage.

# Wassilissa, die Wunderschöne

Wassilissa war die Tochter eines reichen Kaufmanns. Als sie acht Jahre alt war, wurde ihre Mutter schwer krank. Auf dem Sterbebett rief sie Wassilissa zu sich, zog unter der Bettdecke eine Puppe hervor und sprach: „Höre gut zu, liebe Tochter, und vergiss meine Worte nicht. Ich muss sterben und mit meinem mütterlichen Segen gebe ich dir diese Puppe. Trage sie stets bei dir, aber zeige sie niemandem! Solltest du Kummer haben, gib ihr zu essen und frage sie um Rat. Dann wird sie dir in deiner Not helfen." Darauf küsste die Mutter ihre Tochter ein letztes Mal und starb.

Einige Zeit nach dem Tode seiner Frau wollte sich der Kaufmann wieder verheiraten. Am besten gefiel ihm eine Witwe mit zwei Töchtern, denn er hoffte, eine liebevolle Mutter und gute Hausfrau zu bekommen, aber er hatte sich geirrt und fand keine neue Mutter für sein Kind.

Wassilissa wuchs zum schönsten Mädchen im Dorf heran. Die Stiefmutter und die beiden Stiefschwestern beneideten sie um ihre Schönheit und quälten sie mit harter Arbeit, doch Wassilissa ertrug alles ohne Murren und wurde jeden Tag schöner. Wie war das möglich?

Es war die Puppe, die Wassilissa half! Wie hätte das Mädchen sonst mit der vielen Arbeit fertigwerden sollen? Dafür sparte sich Wassilissa das Essen vom Munde ab und hob die besten Bissen für ihre Puppe auf. Abends schloss sie sich in ihr Kämmerchen ein, gab der Puppe zu essen und sprach: „Iss, mein Püppchen, und höre meine Not. Die Stiefmutter kann mich nicht leiden. Sage du mir doch, was ich tun soll."

Die Puppe aß und nachher gab sie Wassilissa guten Rat und tröstete sie in ihrem Kummer. Beim Morgengrauen verrichtete die Puppe dann alle Arbeit. Ja, Wassilissa hatte es gut mit ihrer Puppe.

So vergingen einige Jahre. Wassilissa wuchs heran und kam ins Brautalter. Alle Jünglinge der Stadt wollten sie zur Frau, doch nach den Töchtern der Stiefmutter schaute sich keiner um. Deshalb grollte die Stiefmutter ärger denn je und gab allen dieselbe Antwort: „Ich gebe die Jüngste nicht vor den Älteren her."

Es trug sich zu, dass der Kaufmann für längere Zeit verreisen musste und da zog die Stiefmutter in ein anderes Haus um. Neben diesem Haus lag ein großer dunkler Wald und in diesem Wald stand auf einer Lichtung eine kleine Hütte. Darin lebte Baba Jaga, die Hexe Knochenbein. Niemand durfte in ihre Nähe kommen und man sagte, sie fresse Menschen.

Nachdem sie nun in das neue Haus gezogen war, fing die Stiefmutter an, Wassilissa, so oft es ging, in den Wald zu schicken. Sie hoffte, das Mädchen würde auf die alte Baba Jaga treffen. Doch Wassilissa kehrte stets wohlbehalten zurück. Die Puppe zeigte ihr den Weg und ließ sie das Häuschen der Hexe meiden.

Der Herbst kam ins Land. Die Stiefmutter teilte allen Mädchen Arbeit für den Abend zu: Die eine sollte Spitzen klöppeln, die andere Strümpfe stricken. Wassilissa aber sollte spinnen. Dann löschte sie alle Lichter im Haus und ließ nur dort eine Kerze brennen, wo die Mädchen arbeiteten. Da fing die Kerze an zu rußen. Eine der Schwestern nahm die Schere, um den Docht zu kürzen, und löschte dabei, wie aus Versehen, die Kerze aus. Denn so hatte es ihr die Mutter aufgetragen.

„Was sollen wir jetzt nur tun?", sagten die Töchter. „Feuer gibt es im ganzen Haus nicht mehr und wir sind mit unserer Arbeit noch nicht fertig. Wir müssen uns Feuer bei der Baba Jaga holen."

„Ich gehe nicht", sagte das Mädchen, das klöppelte, „mir geben die Nadeln Licht genug."

„Ich gehe auch nicht", sagte die andere, die strickte, „ich habe genug Licht von meinen Stricknadeln."

„Du musst Feuer holen!", riefen die beiden. „Lauf zur Baba Jaga!" Und sie stießen Wassilissa aus der Stube.

Wassilissa ging in ihre Kammer, gab der Puppe zu essen und sagte: „Iss, mein Püppchen, und höre meine Not! Sie schicken mich zur Baba Jaga, um Feuer zu holen. Die böse Hexe wird mich aber verspeisen!"

Die Puppe aß und sprach:. „Fürchte dich nicht, Wassilissa! Gehe, wohin man dich schickt, aber behalte mich immer bei dir. Mit mir wird dir auch bei der Baba Jaga nichts geschehen."

Wassilissa steckte das Püppchen in ihre Tasche, bekreuzigte sich und ging hinaus in den finsteren Wald. Sie lief und sie zitterte vor Angst.

Plötzlich sprengte ein Reiter vorüber: ganz weiß war er, weiß war sein Ross und sein Gewand und der Tag brach an.

Sie ging weiter und wieder sprengte ein Reiter vorüber: rot war er, rot sein Ross und sein Gewand, rot das Zaumzeug in seiner Hand – die Sonne ging auf.

Schließlich gelangte Wassilissa zur Hütte der Baba Jaga. Der Zaun um das Haus war aus Menschenknochen, auf den Zaunspitzen steckten Schädel. Menschenbeine bildeten die Torpfosten, die Riegel waren Hände und das Schloss war ein Mund mit scharfen Zähnen. Vor Schreck blieb Wassilissa wie angewurzelt stehen.

Plötzlich kam wieder ein Reiter: schwarz war er, schwarz sein Ross und sein Gewand, schwarz das Zaumzeug in seiner Hand. Er ritt ans Tor und verschwand wie vom Erdboden verschluckt – es wurde Nacht.

Aber es blieb nicht lange dunkel: Die Augen in den Schädeln begannen zu glühen und auf der Lichtung wurde es taghell. Wassilissa zitterte vor Angst, doch sie wusste nicht, wohin sie fliehen sollte und so blieb sie stehen.

Bald darauf erhob sich im Wald ein schreckliches Getöse: die Bäume knarrten, die Blätter raschelten und die Baba Jaga kam aus dem Wald zurück. Sie ritt auf einem Mörser und trieb ihn mit dem Stößel an. Am Tor stieg sie ab und witterte: „Pfui, pfui! Hier riecht es nach Mensch! Wer ist da?“

Wassilissa kam zaghaft näher, verneigte sich und sprach: „Ich bin’s nur, Großmütterchen. Die Töchter der Stiefmutter haben mich geschickt, um Feuer zu holen.“

„Gut, gut“, sagte die Baba Jaga, „du sollst vorerst bei mir bleiben und arbeiten, dann will ich dir Feuer geben. Tust du das nicht, fresse ich dich!“

Baba Jaga ging ins Haus, streckte sich auf der Ofenbank aus und sagte zu Wassilissa: „Bring auf den Tisch, was im Ofen steht. Ich habe Hunger.“

Wassilissa gehorchte und begann, der Baba Jaga aufzutischen. Es war aber Essen gekocht wie für zehn Mann. Die Alte aß und aß und ließ für Wassilissa nur ein wenig Kohlsuppe, einen Brotkanten und etwas Ferkelfleisch übrig.

Dann ging die alte Hexe zu Bett und sagte: „Wenn ich morgen davonreite, sollst du den Hof säubern und die Stube fegen, das Essen kochen und die Wäsche pflegen. Dann gehst du auf den Speicher, nimmst ein Viertel Weizen und säuberst ihn vom Schwarzkorn. Und dass mir abends wirklich alles fertig ist, sonst fresse ich dich!“ Sprach’s, drehte sich zur Wand und fing an zu schnarchen.

Wassilissa gab die Reste des Essens ihrer Puppe, weinte und flüsterte: „Iss, Püppchen, und höre meine Not. Die Baba Jaga hat mir schwere Arbeit auferlegt und droht, mich aufzufressen, wenn ich nicht fertig werde. Hilf mir!“

Die Puppe antwortete: „Fürchte dich nicht, Wassilissa. Iss zu Abend, bete und lege dich schlafen. Der Morgen ist weiser als der Abend.“

Ganz früh erwachte Wassilissa und schaute aus dem Fenster; die glühenden Augen der Schädel erloschen, der weiße Reiter huschte vorbei – es wurde taghell. Die Baba Jaga trat auf den Hof hinaus, pfiff und der Mörser stand vor ihr.

Der rote Reiter huschte vorüber – die Sonne ging auf. Baba Jaga stieg auf den Mörser und ritt davon, mit dem Stößel trieb sie ihn an und verwischte die Spur mit dem Ofenbesen.

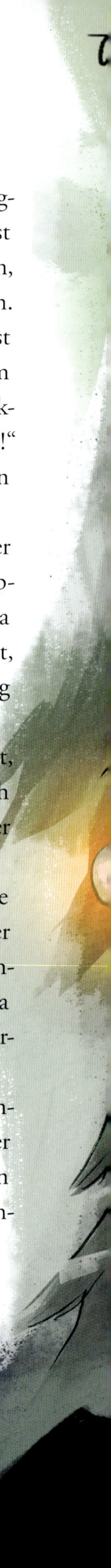

Wassilissa blieb alleine zurück und schaute sich in der Hütte um, staunte über die Fülle, die darin herrschte, und blieb unschlüssig stehen. Mit welcher Arbeit sollte sie beginnen? Aber da war alle Arbeit schon getan, die Puppe las gerade die letzten Schwarzkörner aus dem Weizen.

„Ach du meine Retterin!", rief Wassilissa aus. „Du hast mir wieder aus der Not geholfen."

„Du brauchst nur noch das Essen zu kochen", sagte das Püppchen und kroch in Wassilissas Tasche zurück. „Koche es mit Gottes Hilfe und ruhe dich dann aus."

Am Abend deckte Wassilissa den Tisch und wartete auf die Baba Jaga.

Die Dämmerung brach an, der schwarze Reiter huschte vorbei – es wurde Nacht. Dann knarrten die Bäume, es raschelten die Blätter, und die Baba Jaga kam angeritten. Wassilissa ging ihr entgegen.

„Ist alles getan?", fragte die Baba Jaga.

„Überzeuge dich selbst, Großmütterchen", sagte Wassilissa.

Die Baba Jaga schaute sich alles an, ärgerte sich, dass nichts zu beanstanden war, und sagte: „Nun gut!" Darauf rief sie: „Meine getreuen Diener, meine lieben Helfer, mahlt mir meinen Weizen."

Aus dem Nichts erschienen drei paar Hände, ergriffen den Weizen und trugen ihn fort.

Die Baba Jaga aß sich satt, rüstete sich zum Schlafen und befahl Wassilissa: „Morgen musst du das Gleiche tun wie heute. Dann nimmst du den Mohn aus der Kammer und säuberst ihn Körnchen für Körnchen. Jemand hat ihn, um mich zu ärgern, mit Erde vermischt." Sprach's, drehte sich zur Wand und fing an zu schnarchen.

Wassilissa aber gab ihrer Puppe das Essen. Das Püppchen aß und sagte dann wie gestern: „Bete zu Gott und lege dich schlafen. Der Morgen ist weiser als der Abend, alles wird getan werden, Wassilissa."

Am Morgen ritt die Baba Jaga wieder auf ihrem Mörser davon. Wassilissa und ihr Püppchen hatten bald die Arbeit getan. Abends kehrte die Alte zurück, schaute sich alles an und rief: „Meine getreuen Diener, meine lieben Helfer, presst mir alles Öl aus dem Mohn!"

Drei paar Hände erschienen und trugen den Mohn fort.

Die Baba Jaga setzte sich an den Tisch, aß und Wassilissa stand daneben und schwieg.

„Warum sprichst du nicht mit mir?", fragte die Baba Jaga. „Du stehst da, als wärst du stumm."

„Ich habe es nicht gewagt, Großmütterchen. Aber wenn du erlaubst, möchte ich dich etwas fragen", antwortete Wassilissa.

„Frage nur, doch bedenke, nicht jede Frage führt zum Guten und wer viel weiß, wird bald alt."

„Ich möchte dich nur nach dem fragen, was ich gesehen habe. Als ich zu dir kam, über-

holte mich ein weißer Reiter, weiß gekleidet und auf weißem Ross. Wer war das?"
„Das war mein heller Tag", antwortete die Baba Jaga.
„Danach überholte mich ein anderer Reiter. Rot war er, rot gekleidet und auf rotem Ross. Wer war das?"
„Das war meine liebe Sonne."
„Und wer war der schwarze Reiter auf schwarzem Ross, der mich vor deinem Tor überholte, Großmütterchen?"
„Das war meine dunkle Nacht. Alle drei sind meine treuen Diener."
Wassilissa dachte an die drei Paar Hände, aber sie schwieg.
„Warum fragst du nicht weiter?", sagte die Baba Jaga listig.
„Mir genügen diese drei Fragen, Großmütterchen. Du hast ja selbst gesagt: Wer viel weiß, wird bald alt."
„Es ist gut, dass du nur nach dem gefragt hast, was du außerhalb des Zaunes gesehen hast, und nicht nach dem, was du auf dem Hof erblicktest", sagte die Baba Jaga. „Denn die allzu Neugierigen fresse ich. Aber jetzt habe ich eine Frage an dich: Wie kommt es, dass du alle Arbeiten schaffst, die ich dir auftrage?"
„Mir hilft der Segen meiner Mutter", erwiderte Wassilissa.
„Das ist es also! Dann pack dich aber weg, du gesegnete Tochter. Gesegnete sind mir ein Gräuel!" Sie schob Wassilissa vor das Tor, nahm einen Schädel mit glühenden Augen vom Zaun, spießte ihn auf einen Stock und gab ihn ihr. „Da hast du das Feuer für deine Stiefschwestern. Nimm es mit, deshalb haben sie dich ja hierher geschickt."
Eilig lief Wassilissa beim Schein des Schädels nach Hause. Endlich, am Abend des nächsten Tages, erreichte sie ihr Haus. Als sie auf das Tor zuging, wollte sie den Schädel wegwerfen.
„Nach so langer Zeit werden sie wohl kein Feuer mehr brauchen", dachte sie.
Da ertönte plötzlich aus dem Schädel eine dumpfe Stimme: „Wirf mich nicht fort, bring mich zur Stiefmutter!"

Wassilissa betrat das Haus und zum ersten Mal wurde sie freundlich empfangen. Die Stiefmutter erzählte ihr, dass seit der Zeit, da sie fortgegangen war, im Haus kein Licht brennen wollte. Es gelang ihnen nicht, Feuer zu schlagen und wenn sie Glut bei den Nachbarn holten, erlosch diese sofort. Die Augen im Schädel aber hefteten sich auf die Stiefmutter und ihre Töchter, starrten sie an und glühten und brannten! Die drei wollten sich verstecken, doch wohin sie auch gingen, die Augen folgten ihnen und am Ende waren sie alle zu Asche verbrannt. Nur Wassilissa blieb gänzlich unversehrt.

Bei Tagesanbruch begrub Wassilissa den Schädel, schloss das Haus ab, ging in die Stadt und bat eine alte Frau, sie bei sich aufzunehmen. Dort lebte sie nun und wartete auf die Rückkehr ihres Vaters.

Eines Tages sagte sie zur alten Frau: „Ich langweile mich so ohne Arbeit, Mütterchen. Geh auf den Markt und kaufe mir vom besten Flachs, dann kann ich wenigstens spinnen."

Die Alte kaufte den feinsten Flachs und Wassilissa machte sich an die Arbeit. Das Spinnen ging ihr leicht von der Hand und der Faden wurde glatt und fein. Als sie genug gesponnen hatte, wollte sie ans Weben gehen. Aber ein Webstuhl, der für ihr Garn fein genug gewesen wäre, war nirgends zu finden und niemand konnte einen bauen.

Da bat Wassilissa ihr Püppchen um Rat und das sagte: „Bring mir einen alten Weberkamm, ein altes Weberschiffchen und etwas Rosshaar und ich werde dir alles zusammenbauen."

Wassilissa brachte alles herbei, und die Puppe baute über Nacht den richtigen Webstuhl. Gegen Ende des Winters war das ganze Linnen gewebt und es war so zart und fein wie kein anderes.

Da sagte Wassilissa: „Verkaufe dieses Linnen, Mütterchen, und behalte das Geld."

Die Alte sah den Stoff und schlug die Hände zusammen: „Nein, Kindchen, nur dem Zaren steht es zu, solches Linnen zu tragen. Ich werde es in den Palast bringen."

Die Alte kam nun zum Palast und ging vor den Fenstern auf und ab. Der Zar erblickte sie und fragte: „Was wünschst du, Mütterchen?"

„Zar-Väterchen", erwiderte die Alte, „ich bringe dir eine ganz besondere Ware und niemandem außer dir will ich sie zeigen."

Der Zar befahl, die Alte vorzulassen und als er das Linnen sah, verwunderte er sich und fragte: „Was verlangst du?"

„Dafür gibt es keinen Preis, Zar-Väterchen, ich möchte es dir zum Geschenk machen."

Der Zar dankte ihr und entließ die Alte mit reichen Geschenken. Nun sollten aus dem Linnen Hemden für den Zaren genäht werden. Sie wurden auch zugeschnitten, doch es fand sich keine Näherin, die sie nähen konnte.

Da ließ der Zar die Alte rufen und sagte: „Da du solches Linnen gesponnen und gewebt hast, musst du auch die Hemden daraus nähen."

„Nicht ich habe dieses Linnen gesponnen und gewebt, Herr, es ist das Werk meiner Pflegetochter."

„Dann soll auch sie die Hemden daraus nähen."

Die Alte kehrte heim und erzählte Wassilissa, was sich zugetragen hatte.

„Ich wusste, dass diese Arbeit für mich bestimmt ist", rief Wassilissa.

Sie schloss sich in ihre Kammer ein und machte sich an die Arbeit. Sie nähte ohne Unterlass und bald waren die Hemden fertig. Die Alte trug sie zum Zaren und Wassilissa wusch sich, kleidete sich fein, setzte sich ans Fenster und wartete.

Da sah sie, wie ein Diener des Zaren den Hof betrat. Er kam in die Stube und sprach: „Der Zar, unser großer Herrscher, wünscht die Kunstfertige zu sehen, die ihm die Hemden genäht hat, und will sie persönlich belohnen."

Wassilissa machte sich auf und trat dem Zaren vor die Augen. Als der Zar das wunderschöne Mädchen sah, verliebte er sich gleich über alle Maßen.

„Meine Schöne", sagte er, „ich werde dich nicht mehr gehen lassen, du sollst meine Frau werden."

Er nahm Wassilissa bei den Händen und alsbald wurde Hochzeit gefeiert.

Als Wassilissas Vater zurückkehrte, freute er sich über das Los seiner Tochter und blieb, solange er lebte, bei ihr. Auch die alte Frau nahm Wassilissa zu sich. Das treue Püppchen aber trug sie bis an ihr Lebensende immer in ihrer Tasche.

# Der Frieden der Vögel

Es gab einmal eine Zeit, da befehdete ein Vogel den anderen. Sie brauchten sich nur zu begegnen, schon entbrannte ein heftiger Streit.
„Ich bin besser als du!“, pfiff der eine Vogel.
„Nein, ich bin besser als du“, pfiff der andere zurück. Und schon lagen sie sich in den Federn und hieben mit den Schnäbeln aufeinander ein. Schließlich fing ein Fasan an, der Zwistigkeiten überdrüssig zu sein. Er flog zu einer Krähe und sprach: „Hör mal, Krähe, du bist besser als ich.“
Die Krähe schwieg verdutzt. Die Worte trafen sie wie ein Schlag. Das Fasan hatte etwas Unerhörtes gesagt.
Endlich riss sie sich zusammen und antwortete höflich: „Hör mal, Fasan, du bist besser als ich.“
Den beiden Vögeln wurde bei diesen Worten warm uns Herz. Sie steckten die Köpfe zusammen und plauderten vergnügt.
„Du bist eigentlich sehr freundlich“, meinte der Fasan nach einiger Zeit.
„Auch du bist nicht unangenehm“, gab die Krähe artig zurück.
Die beiden beschlossen, nicht mehr auseinanderzugehen und lebte fortan gemeinsam auf einem Baum.
Die anderen Vögel wunderten sich über die zwei. Sie zankten sich nicht. Sie hackten sich nicht. Sie schimpften sich nicht aus. Keiner versuchte, mehr als der andere zu sein.
„Das ist gegen die Gewohnheit“, sagten die Vögel. „Lasst uns einmal prüfen, wie es in Wirklichkeit um ihre Freundschaft steht.“

Eines Tages flog die Krähe aus und der Fasan blieb allein. Da kamen viele Fasane und fragten ihn: „Wie hältst du das bloß aus? Die Krähe ist schlechter als du.“

Der Fasan aber nahm die Krähe in Schutz. „Sie ist anders, als ihr denkt. Klug und freundlich begegnet sie mir. Sie ist besser als ich.“

Am nächsten Tag war die Krähe allein. Da kamen viele Krähen und fragten sie: „Wie hältst du das nur aus? Der Fasan ist eitel und schlechter als du.“

Die Krähe aber ließ kein böses Wort auf ihn kommen: „Er ist anders, als ihr denkt. Aufmerksam und herzlich geht er mit mir um. Er ist besser als ich.“

Die Vögel schwiegen überrascht und dachten nach. Sie überlegten viele Tage, denn die Gewohnheit ist eine starke Macht und herrscht bei vielen über den Verstand. Allmählich aber fingen sie an, wie die beiden zu leben – ohne Dünkel und Hass. Sie versuchten in Frieden miteinander auszukommen und Freunde zu sein.

# Die Schöne und das Biest

Es lebte einmal ein reicher Kaufmann, der hatte sechs Kinder: drei Söhne und drei Töchter. Seine Töchter waren alle sehr hübsch, besonders schön aber war die Jüngste und daher waren ihre Schwestern neidisch und mochten sie nicht leiden. Die Jüngste aber war nicht nur schöner als ihre Schwestern, sondern besaß auch ein gutes Herz und war freundlich zu Mensch und Tier. Die beiden Ältesten dagegen waren hochmütig und hielten sich für etwas Besseres. Sie gingen alle Tage zum Tanz, ins Theater, fuhren spazieren und verspotteten ihre jüngste Schwester, welche lieber zu Hause blieb und las.

Doch es kamen schwere Zeiten und der Kaufmann verlor sein ganzes Vermögen. Es blieb ihm nur ein kleines Landgut, weit entfernt von der Stadt. Traurig erklärte er seinen Kindern, dass sie nun arm waren, aufs Land ziehen und ihre Felder selbst bestellen müssten. Doch dort könnten sie ein einfaches Leben führen, wenn sie nur fleißig arbeiteten.

Als sie auf ihrem Landgut angekommen waren, kümmerten sich der Kaufmann und seine Söhne um die Feldarbeit. Die Schöne stand beim ersten Hahnenschrei auf und besorgte die Hausarbeit. Es fiel ihr anfangs sehr schwer, denn sie war es nicht gewohnt, hart zu arbeiten. Doch nach einiger Zeit wurde sie stärker und die Arbeit ging ihr leichter von der Hand.

Wenn sie ihre Aufgaben erfüllt hatte, las sie oder spielte auf dem Klavier. Ihre beiden Schwestern hingegen hätten vor Langeweile fast sterben mögen. Sie standen spät auf, gingen den ganzen Tag spazieren und vermissten ihre schönen Kleider und ihre Juwelen.

„Schau dir nur unsere Schwester an", sagten sie zueinander, „sie ist so einfältig, dass sie mit diesem Leben zufrieden ist."

Die Familie hatte nun ein Jahr in dieser Einsamkeit gelebt, als der Kaufmann einen Brief erhielt, dass eines seiner Schiffe im Hafen angekommen sei. Diese gute Neuigkeit freute seine älteren Töchter, denn sie dachten, sie wären wieder reich. Als ihr Vater zur Abreise fertig war, baten sie ihn, er möge ihnen Röcke, Kleider, Schmuck und allerhand Kostbarkeiten mitbringen. Die Schöne bat ihn um nichts, denn sie dachte, alles Geld könne nicht ausreichen, um das zu kaufen, was ihre Schwestern sich wünschten. „Du bittest mich nicht, dir etwas zu kaufen?“, fragte ihr Vater.

„Wenn Sie die Güte haben wollen, an mich zu denken, Vater“, antwortete sie ihm, „so bringen Sie mir eine Rose mit, denn hier wachsen keine.“

Der Kaufmann reiste ab. Doch leider hatte er kein Glück mit seinem Handel und kehrte ebenso arm wieder zurück, als er es vorher war. Er war schon fast bei seinem Landsitz angekommen, da zog ein schreckliches Unwetter auf. Im starken Sturm verlor er den Weg und verirrte sich im Wald. Er fürchtete schon, vor Kälte zu sterben oder von den Wölfen gefressen zu werden, da entdeckte er ein Licht zwischen den Bäumen. Mit letzter Kraft ritt er darauf zu und erreichte einen großen Palast, der hell erleuchtet war.

Zu seiner großen Verwunderung war alles verlassen und er fand keine Menschenseele. Er brachte sein Pferd in den Stall, tränkte es und gab ihm vom Heu. Dann klopfte er vorsichtig an die Pforte und trat ein. In einem großen Saal brannte ein behagliches Feuer und der Tisch war für eine Person gedeckt. Köstlich duftende Speisen waren aufgetragen. Nachdem der Kaufmann lange Zeit auf den Schlossherrn gewartet hatte, konnte er nicht länger widerstehen, setzte sich zu Tisch und aß und trank. Bald wurde er müde und fand ein Zimmer, worin ein gutes Bett stand, und legte sich schlafen.

Als er am nächsten Tag erwachte, wunderte er sich sehr, saubere ordentliche Kleider neben seinem Bett vorzufinden. „Ganz gewiss gehört dieser Palast einer guten Fee, die mit mir Erbarmen hat“, dachte der Kaufmann. Er trat in den großen Saal, wo er am Abend gegessen hatte, und entdeckte ein köstliches Frühstück. Nachdem er sich gestärkt hatte, wollte er sich auf den Heimweg machen. Als er nun unter einer Laube von Rosen zum Stall lief, erinnerte er sich, dass ihn seine jüngste Tochter um eine Rose gebeten hatte, und brach eine davon ab.

Im selben Augenblick stürzte ein entsetzliches Biest auf ihn zu. „Du Undankbarer“, brüllte es, „ich habe dein Leben gerettet und dafür stiehlst du mir meine Rosen, die ich von allen Dingen auf der Welt am liebsten habe? Dafür sollst du sterben!“

Verzweifelt fiel der Kaufmann auf die Knie und flehte das Tier an: „Gnädiger Herr, verzeihen Sie mir, ich dachte nichts Böses dabei. Ich wollte die Rose meiner Tochter schenken.“

„Nenn mich nicht gnädiger Herr“, antwortete das Ungeheuer, „sondern Biest. Ich mag keine Schmeicheleien. Ich will, dass man sagt, was man denkt. Doch kannst du dein Leben retten, wenn du deine Tochter zu

mir auf mein Schloss bringst. Weigert sie sich, musst du schwören hierher zurückzukehren und für deine Tat zu büßen!"

Der Kaufmann war nicht bereit, eine von seinen Töchtern zu diesem garstigen Untier zu bringen, hoffte aber, Zeit zu gewinnen. Er versprach also, er wolle seine Tochter bringen oder selbst wiederkommen.

Dann ging er zum Stall und ritt voller Sorge nach Hause. Er gab der Schönen den Rosenzweig und erzählte vom Palast des Biests und seinem Versprechen. Seine beiden ältesten Töchter weinten und beschuldigten die Schöne, dass sie allein schuld am Unglück ihres lieben Vaters sei. „Und nun muss er um deinetwillen sterben!", rief die Älteste vorwurfsvoll.

„Es ist nicht nötig, um unseren Vater zu trauern", antwortete die Schöne, „denn er wird nicht sterben. Das Ungeheuer verlangt eine seiner Töchter und daher werde ich zu ihm gehen und anstelle meines Vater sterben."

Die Schöne ließ sich nicht durch Bitten ihres Vaters und ihrer Brüder von ihrem Entschluss abbringen. Ihre beiden Schwestern dagegen waren insgeheim recht froh darüber, sie loszuwerden.

Am nächsten Tag ritten sie zum Palast des Biests, wo eine festlich gedeckte Tafel auf die beiden wartete. Der Kaufmann konnte keinen Bissen essen, doch die Schöne wollte tapfer sein, setzte sich und aß. Dabei dachte sie: „Das Biest will mich wohl mästen, ehe es mich auffrisst, wenn es mir so gutes Essen gibt."

Plötzlich ertönte ein lautes Gebrüll und das Biest erschien. Die Schöne erschrak sehr, als sie die hässliche Gestalt erblickte. Doch als das Biest sie fragte, ob sie aus freiem Willen gekommen sei, nahm sie ihren ganzen Mut zusammen und sagte mit leiser Stimme: „Ja, das bin ich."

„Du bist sehr gütig", sagte das Biest, „und ich freue mich sehr, dass du hier bist, Schöne. Du aber, guter Kaufmann, verlässt morgen früh mein Schloss und kommst nie wieder hierher zurück." Daraufhin verließ das Biest den Saal.

In der Nacht träumte die Schöne von einer feinen Dame, die zu ihr sprach: „Ich bin mit deinem guten Herzen zufrieden. Das Leben deines Vaters zu retten, wird nicht ohne Belohnung bleiben."
Am nächsten Morgen versuchte der Kaufmann mit allen Mitteln seine Tochter dazu zu bringen, gemeinsam aus dem Palast zu fliehen, doch die Schöne wollte nichts davon hören, denn sie hatten dem Biest ja ihr Versprechen gegeben.

Nachdem ihr Vater unter Tränen abgereist war, erkundete sie den Palast und die Gärten und bewunderte all die Pracht. Dabei entdeckte sie eine Tür, auf der stand in goldenen Buchstaben „Das Zimmer der Schönen". Verwundert öffnete sie die Türe und erblickte einen kostbar eingerichteten Raum. Was sie aber am meisten erstaunte, war eine große Bibliothek, ein schöner Flügel und viele Notenbücher. „Das Biest will wohl nicht, dass ich Langeweile bekomme", dachte sie: „Wenn ich nur einen Tag hierbleiben sollte, so würde es sich nicht so viel Mühe gemacht haben."
Dieser Gedanke gab ihr Hoffnung. Doch sie vermisste ihre Familie sehr.
„Ach", seufzte sie, „wenn ich nur meinen Vater sehen und wissen könnte, was er macht." Kaum hatte sie diesen Wunsch ausgesprochen, sah sie in einem goldenen Spiegel den Vater, der mit traurigem Gesicht am Kamin saß, ihre Brüder und Schwestern. Einen Augenblick später war alles wieder verschwunden.
Am Abend, als sie sich an die Tafel setzen wollte, hörte sie das schreckliche Gebrüll des Biests und begann zu zittern.
Das Ungeheuer betrat den Saal und sprach freundlich: „Guten Abend, Schöne, darf ich dir Gesellschaft leisten?"
„Ihr habt hier zu befehlen", antwortete die Schöne zaghaft.
„Nein", erwiderte das Biest, „Du brauchst nur zu sagen, ich soll gehen, und ich werde es tun. Aber sag mir ehrlich, findest du mich nicht sehr hässlich?"
„Ich kann nicht lügen", sagte die Schöne. „Sie sind wirklich sehr hässlich, aber ich glaube, Sie haben ein gutes Herz."
„O wahrlich, ja", antwortete das Biest, „ich habe ein gutes Herz, aber ich bin ein Ungeheuer."

„Es gibt viele Menschen, die sind schlimmere Ungeheuer als Sie, denn diese verstecken unter einer schönen Gestalt ein böses Herz“, sprach die Schöne.

Die Schöne hatte nun fast gar keine Angst mehr vor dem Ungeheuer. Doch erschrak sie sehr, als das Biest plötzlich fragte: „Schöne, willst du meine Frau werden?“

Sie hatte Angst, das Biest würde wütend werden, doch dann nahm sie ihren Mut zusammen und antwortete leise: „Nein, Biest, das will ich nicht.“

Da seufzte das arme Ungeheuer enttäuscht und machte dabei ein so lautes Geräusch, dass der ganze Palast davon erzitterte. Die Schöne empfand Mitleid mit dem armen Biest. „Ach“, dachte sie, „es ist recht schade, dass es so hässlich ist, denn es ist ja so gut!“

Die Schöne war nun schon drei Monate im Palast des Biests. Jeden Abend besuchte das Biest sie beim Essen und jeden Tag entdeckte die Schöne neue gute Eigenschaften an ihm. Und jeden Abend fragte das Ungeheuer, ob sie seine Frau werden wolle, und war zutiefst betrübt, wenn die Schöne Nein sagte.

Daher sprach sie eines Abends zu ihm: „Liebes Biest, es tut mir sehr leid, aber ich kann Sie wirklich nicht heiraten. Doch ich werde stets Ihre gute Freundin sein. Seien Sie damit zufrieden.“

„Das muss ich wohl“, erwiderte das Biest, „denn ich weiß, dass ich recht abscheulich bin, aber trotzdem liebe ich dich sehr. Versprich mir, dass du mich niemals verlassen wirst!“

Die Schöne errötete bei diesen Worten. Denn sie wünschte sich sehr, ihren Vater wiederzusehen. Sie hatte in ihrem Spiegel gesehen, dass er aus Kummer sehr krank geworden war.

„Ich kann das nicht versprechen", sagte sie zu dem Biest, „denn ich sehne mich so sehr danach, meinen Vater wiederzusehen, dass ich vor Heimweh sterben werde, wenn ich meine Familie niemals wiedersehen darf."

„Dann will ich lieber selbst leiden", antwortete das Biest, „als dich traurig zu machen. Du darfst zu deiner Familie zurückkehren und ich werde hier vor Kummer sterben."

„Nein!", rief die Schöne. „Ich habe Sie viel zu lieb gewonnen, Sie dürfen nicht sterben. Ich verspreche, in acht Tagen wiederzukommen. Der Spiegel hat mir gezeigt, dass meine Schwestern verheiratet und meine Brüder zu den Soldaten gegangen sind. Mein Vater ist ganz allein und krank. Bitte erlauben Sie, dass ich eine Woche bei ihm bleibe, dann kehre ich hierher zurück."

„Dann soll es so sein", beschloss das Biest. „Vergiss aber dein Versprechen nicht. Wenn du zu mir zurückkehren willst, leg abends deinen Ring auf das Nachtkästchen und am nächsten Morgen bist du wieder bei mir. Leb wohl, Schöne!"

Und wirklich: Am nächsten Morgen erwachte sie im Haus ihres Vaters. Er freute sich von Herzen, seine Tochter wiederzusehen. Nach der Begrüßung kam die Magd und fragte, ob sie den großen Koffer auspacken solle. Die Schöne dankte dem Biest,

das so aufmerksam war, und wies die Magd an, das schlichteste Kleid für sie auszusuchen, denn die anderen wollte sie ihren Schwestern schenken. Kaum hatte sie das ausgesprochen, da verschwand die Truhe.

Der Vater sagte: „Das Biest möchte, dass du die Kleider für dich behältst, denn sie sind ein Geschenk an dich." Sogleich kam der Koffer mit den Kleidern wieder zum Vorschein. Die Schöne kleidete sich an und da trafen auch schon ihre Schwestern ein, um sie zu begrüßen.

Beide waren mit ihren Männern sehr unglücklich. Die Älteste hatte einen sehr schönen Mann geheiratet, der aber in seinen eigenen Anblick so verliebt war, dass für seine Frau keine Liebe mehr übrig war. Die zweite hatte einen Mann mit viel Witz, den er aber dazu nutzte, um alle Welt und vor allem seine Frau zum Narren zu halten. Als die Schöne erzählte, dass sie glücklich war, wurden die Schwestern sehr eifersüchtig. „Warum nur ist unsere Schwester so viel glücklicher als wir. Und sieh nur, wie prächtig sie gekleidet ist", sprach die Älteste.

„Schwester, mir fällt etwas ein", sagte die zweite. „Sie hat versprochen, nach acht Tagen zurückzukehren. Wir wollen sie einfach länger hierbehalten. Darüber wird ihr dummes Biest so zornig werden, dass es sie auffrisst."

„Du hast recht, Schwester", antwortete die andere. „Dazu aber müssen wir sehr freundlich zu ihr sein."

Nachdem sie diesen Entschluss gefasst hatten, erwiesen sie ihrer Schwester so viel Freundschaft, dass die Schöne vor Glück darüber weinte.

Als die acht Tage vorbei waren, stellten sie sich so betrübt, dass die Schöne versprach, noch länger zu bleiben.

Doch so gerne sie bei ihrer Familie blieb, hatte sie ihr Versprechen nicht vergessen und bedauerte, dass sie ihrem Biest Kummer verursachen würde. Eines Nachts träumte sie sogar, das Biest läge auf dem Rasen im Schlossgarten und würde sterben.

Die Schöne erwachte und weinte bitterlich. „Ich bin doch schrecklich undankbar", rief sie, „dass ich das Biest so unglücklich mache. War es nicht immer gut und freundlich zu mir? Es hat ein reines Herz und würde einen besseren Ehemann abgeben als die selbstsüchtigen Männer meiner Schwestern. Ich will es nicht länger leiden lassen und auf der Stelle zurückkehren."

Dann legte sie den Ring auf ihr Nachtkästchen und erwachte in ihrem prächtigen Zimmer im Palast. Dort wartete sie den ganzen Tag auf das Biest. Doch es erschien nicht. Sie begann im ganzen Schloss zu suchen. Sie rief und rief, bekam aber keine Antwort. Dann erinnerte sie sich an ihren Traum und eilte verzweifelt in den Garten. Dort fand sie es auf dem Rasen liegen und glaubte, es sei tot. Sie weinte und umarmte das Ungeheuer, ohne sich vor seiner schrecklichen Gestalt zu fürchten.

Da erwachte das Biest und sprach mit schwacher Stimme: „Da bist du ja, Schöne. Du hast dein Versprechen vergessen und ich wollte mich aus Kummer darüber zu Tode hungern. Nun sterbe ich zufrieden, denn ich durfte dich noch einmal wiedersehen."
„Oh nein, mein liebes Biest, Sie dürfen nicht sterben", rief die Schöne. „Als ich dachte, ich hätte Sie verloren, erkannte ich, was ich wirklich fühle: dass ich Sie liebe und nicht ohne Sie leben möchte."

Kaum hatte sie diese Worte ausgesprochen, begann im Schloss ein großartiges Feuerwerk, Musik erklang und alle Lichter waren erleuchtet. Doch die Schöne hatte dafür keinen Blick, wandte sich wieder ihrem Biest zu, aber das war verschwunden.
Zu ihren Füßen lag ein Prinz von wundervoller Gestalt, der sie freundlich anblickte.
„Wo ist das Biest?", fragte die Schöne verwundert.
„Genau vor dir, denn ich bin es. Eine boshafte Fee hatte mich verwünscht und ich musste in dieser schrecklichen Gestalt leben, bis ein Mädchen käme, das mich allein wegen meines guten Herzens heiraten würde. Nur du hast meine Güte und Freundlichkeit erkannt. Nun sollst du meine Frau werden", antwortete der Prinz.
Die Schöne war überglücklich, dass sie einen jungen, schönen Prinzen zum Manne bekam, der zudem ein gutes Herz hatte. Sie gingen Hand in Hand zum Schloss und dort befand sich auch schon ihr Vater und ihre ganze Familie. Außerdem erkannte sie die feine Dame aus ihrem Traum wieder. Diese sprach zu ihr: „Schöne, du hast alles richtig gemacht und die Tugend allen äußerlichen Dingen vorgezogen. Dafür wirst du belohnt werden. Ihr werdet glücklich werden und klug und gerecht über ein großes Reich herrschen."
Dann wandte sich die Dame den Schwestern zu: „Ihr dagegen habt ein böses, niederträchtiges Herz. Zur Strafe für euren Neid sollt ihr zu Statuen hier im Schloss werden. Nun könnt ihr dem Glück eurer Schwester so lange zusehen, bis ihr euch bessert und eure Fehler bereut." Und so geschah es.

Der Prinz und die Schöne feierten ein prächtiges Hochzeitsfest und lebten lange und in vollkommenem Glück, weil es auf Tugend gegründet war.

# Die Perle, die bei Nacht leuchtet

Der Drachenkönig des östlichen Meeres hatte eine Tochter, die war über alle Maßen schön und ebenso klug. Aber heiraten? Nein, heiraten wollte sie nicht. Als sie achtzehn Jahre alt geworden war, beschloss ihr Vater dennoch, einen Gemahl für sie zu suchen, aber keiner war ihr gut genug. Der König konnte vorschlagen, wen er wollte, an allen Bewerbern hatte sie etwas auszusetzen.

Schließlich fragte er sie: „Liebe Tochter, was für einen Bräutigam wünschst du dir? Wie muss er aussehen und was soll er besitzen? Welche Eigenschaften und welchen Rang soll er haben?"

„Mein Vater", antwortete die schöne und kluge Tochter, „ich wünsche mir keinen Mann mit viel Geld oder einem Thron. Ich suche einen Mann, der jung und tapfer ist und der ein gutes Herz hat."

Das war etwas völlig Neues, dieser Wunsch war im Königreich des östlichen Meeres noch nie ausgesprochen worden. Der Drachenkönig befahl daher seinen Hofleuten, Ministern und Offizieren, einen solchen Mann für seine Tochter zu suchen.

Der Erste Minister, die Schildkröte, kam und empfahl einen Mann, aber diesen lehnte die Königstochter sogleich ab. Der Hofmarschall, die Krabbe, schlug einen anderen vor: „Ich weiß einen tapferen und gutherzigen Mann, nur ist er nicht mehr der Jüngste …"

„Und wer sollte das ein?"

„Ich selbst!"

„Dich will ich aber nicht", antwortete die Prinzessin kurz und bündig und so blieb die Prinzessin unverheiratet.

Eines Tages kam der Admiral Krebs herbeigeschwommen und berichtete dem König, er habe jetzt einen Bräutigam gefunden, wie ihn sich die Prinzessin wünsche. Er hieß A-Er und lebte am Fuße der Berge ganz nah am Fluss. Seine Eltern waren schon gestorben, er war unverheiratet und wohnte mit seinem älteren Bruder in einer kleinen Hütte. Die beiden waren arm, aber sie verdienten ihren Lebensunterhalt als Jäger in den Gebirgswäldern. Die Menschen schätzten A-Er, weil er tapfer war, und sie liebten ihn, weil er ein gutes Herz hatte.

Als der Admiral diesen Mann beschrieb, horchte die Prinzessin auf.

Der König aber runzelte die Stirn und sprach zu ihr: „Mein Kind, wer weiß, ob er auch wirklich tapfer ist und ein treues Herz hat. Außerdem passt ein Gebirgsjäger nicht zu unserer Wasserwelt."

Doch die Prinzessin wünschte sich unbedingt gerade diesen Mann und keinen anderen. Sie schloss sich in ihren Gemächern ein, weinte und trauerte und war nicht dazu zu bewegen, wieder herauszukommen. Der König wusste sich keinen Rat, rief seine Getreuen zu sich und beriet lange mit ihnen. Schließlich machte der Hummer einen Vorschlag, der dem Drachenkönig ausnehmend gut gefiel.

In dieser Nacht erschien A-Er im Traum ein alter weißhaariger Mann. „A-Er", sprach dieser, „verlasse dein Haus und geh ans Flussufer. Dort wartet ein Mädchen auf dich. Frage es, ob es deine Braut werden möchte!"

A-Er wachte auf, weckte seinen Bruder und erzählte ihm von seinem seltsamen Traum. Dieser hörte erstaunt zu, Eifersucht beschlich sein Herz und er sprach zu A-Er: „Wie kannst du nur einem solchen Traumbild nachlaufen wollen? Das ist nichts als Einbildung. Leg dich wieder hin und schlafe weiter!"

A-Er schlief wieder ein, doch darauf hatte sein Bruder nur gewartet. Er stand heimlich auf, stahl sich aus dem Haus und eilte zum Fluss.

Als A-Er im Morgengrauen erwachte, war von seinem Bruder weit und breit nichts zu sehen.

„Vielleicht ist der Traum aber doch wahr gewesen", dachte er bei sich, zog schnell seine Kleider an und lief zum Fluss. Und obwohl er später aufgebrochen war, kam er zusammen mit seinem Bruder dort an.

Wie es der alte Mann im Traum gesagt hatte, saß dort ein wunderschönes Mädchen auf einem Stein und ließ sein langes schwarzes Haar ins Wasser hängen.

Beide Brüder waren von ihrer Schönheit so verzaubert, dass sie sich nicht zu rühren wagten.

Dann aber fasste A-Er sich ein Herz und fragte schüchtern: „Schöne Jungfrau, willst du meine Braut werden?"

„Nein, nein", rief der Ältere, „meine Frau sollst du sein!"

Das Mädchen wandte den Kopf, sah beide jungen Männer an und sagte dann: „Welchen von euch beiden soll ich wählen? Wer ist der treueste und tapferste Mann?"

„Das bin ich!", riefen die Brüder zugleich.

„Nun gut", sagte das Mädchen, „ich will den nehmen, der mir die Perle bringt, die bei Nacht strahlt und ihren Glanz verbreitet."

„Und wo können wir eine solche Perle finden?", fragten die beiden.

„Diese Perle befindet sich in den Schatzkammern meines Vaters, des Drachenkönigs, im östlichen Meer. Jeder, der den königlichen Palast erreicht, wird von meinem Vater reich beschenkt. So kann sich ein Besucher auch diese Perle als Geschenk erbitten. Ich werde jedem von euch ein silbernes Beil geben, mit dem er auf dem Wege dorthin die Meereswogen teilen und glätten kann." Mit diesen Worten reichte sie jedem der Brüder ein kleines silbernes Beil. Die beiden verneigten sich und rannten eilig davon, dem östlichen Meere zu.

Der Ältere lieh sich ein Pferd und ritt im Galopp die große breite Hauptstraße entlang. A-Er setzte seinen Strohhut auf, zog seine Bastschuhe an und schlug einen schmalen Pfad entlang des Flusses ein.

Viele Tage verstrichen, denn das östliche Meer lag weit entfernt. Schließlich gelangte der ältere Bruder in ein Dorf, das ganz unter Wasser stand. Eine Flutwelle hatte die Felder überschwemmt und in manche Häuser musste man durch die Tür hineinpaddeln. Die älteren Leute und die Kinder hatten in den Bergen Zuflucht gesucht, während die jungen Männer in kleinen Booten verzweifelt versuchten, ihre Habe in Sicherheit zu bringen.

Die Menschen wussten, dass die Ernte verderben und die Häuser zusammenfallen würden, wenn das Wasser nicht bald sinken würde.
Der ältere Bruder kam in das Tal geritten und hörte ihre Klagen: „Seit drei Tagen ist das Wasser nicht zurückgegangen. Einer von uns muss zum Drachenkönig gehen und seinen goldenen Schöpfer ausleihen", riefen die Alten. „Nur damit können wir das Wasser aus dem Tal schöpfen und die Häuser und Felder retten!"
Er hatte inzwischen sein letztes Stück Brot aufgegessen und hielt Ausschau, wo er etwas zu essen finden könnte. Wie er die Bauern klagen und beraten hörte, witterte er seinen Vorteil und sagte: „Verschafft mir etwas Brot, und ich hole euch den goldenen Schöpfer vom Drachenkönig im östlichen Meer, denn ich bin gerade dorthin unterwegs!"
Dieses Angebot wurde von den Menschen mit Freude angenommen. Alles Brot, das sie noch hatten, gaben sie ihm mit auf den Weg und brachten ihn in einem Boot sicher und trocken über den Fluss.

Einige Zeit später kam auch A-Er in das Dorf. Schon lange hatte er kein Brot mehr. Er lebte von Beeren, die er am Wegesrand pflückte, und von kleinen Tieren, die er da und dort erlegte.
Als A-Er die jungen Männer ihre letzte Habe retten sah, griff er sofort zu und half nach Kräften, Stunde um Stunde. Auch er hörte von ihnen, dass man die goldene Schöpfkelle brauche, um das Wasser aus dem Tal schöpfen zu können.
„Zu dem Drachenkönig im östlichen Meere bin ich gerade unterwegs", sagte A-Er. „Wenn ich hinkomme, dann borge ich den goldenen Schöpfer für euch!" Dann setzte er seinen Weg fort.

Als er an der Flussmündung das östliche Meer erreichte, saß sein Bruder bereits dort und wartete auf ihn. Weit dehnte sich das Meer, der Wind heulte über die Wogen, an den großen Felsenklippen spritzte die Gischt hoch.

Der ältere Bruder starrte entsetzt auf das tosende Wasser und wagte sich nicht in die Fluten. Kleinlaut fragte er A-Er, ob er nicht vorangehen und als Erster den Einstieg in die Wellen wagen wolle. Ohne zu zögern tauchte A-Er in das Meer. In seiner Hand hielt er das kleine silberne Beil, das er von dem schönen Mädchen bekommen hatte.
Zu seinem Erstaunen sah A-Er, wie das Wasser sich teilte und ihm einen langen Weg hinunter in die Tiefe freigab.
Mit vor Furcht zusammengekniffenen Augen folgte ihm der Ältere auf den Grund des Meeres. Endlich kamen die beiden beim Palast des Drachenkönigs an. Sie wurden freundlich empfangen und sogleich zum König geführt.

Der Herrscher des Meerreiches schien erfreut, sie zu sehen.
„Ich weiß, weshalb ihr gekommen seid, und ich will euch euren Wunsch erfüllen“, sagte er. „Sucht euch ein Geschenk als Erinnerung an diesen Besuch aus! Doch wisst, dass hier unten auf dem Meeresgrund ein uraltes Gesetz herrscht: Jeder Sterbliche darf nur einen einzigen Schatz mitnehmen!“

Mit diesen Worten führte er die Brüder in seine Schatzkammer. Verzückt schauten die beiden sich um. In einem gewaltigen Raum hingen kostbare Geschmeide an den Wänden. Gold- und Silbergefäße standen auf den Tischen, Edelsteine glänzten, Perlen schimmerten, die Farbenpracht war unbeschreiblich. Dem Ältesten fiel sofort eine Perle auf, deren blendendes Licht den ganzen Raum erfüllte.
Als der Jüngste sich in der Schatzkammer umsah, bemerkte auch er die leuchtende Perle und sein Herz krampfte sich schmerzlich zusammen, als er an die schöne Drachentochter dachte. Aber er durfte sie sich nicht aussuchen, denn er wollte das Versprechen halten, das er den unglücklichen Dorfbewohnern gegeben hatte.
Deshalb bat er den Drachenkönig um den goldenen Schöpfer. Die Wächter nickten und überreichten ihm das kostbare Gerät.
Im gleichen Augenblick stürzte sein Bruder auf die Perle zu, nahm sie an sich und versteckte sie im Beutel, den er auf dem Rücken trug.
Der Drachenkönig sprach: „Behaltet eure Schätze, vielleicht bringen sie euch Glück.“ Und er geleitete die Besucher aus dem Palast.

Als sie die Küste erreichten, bestieg der Ältere sein Pferd, knallte mit der Peitsche und galoppierte davon. Bald kam er in das überflutete Dorf. Die Bauern erwarteten ihn bereits, umringten ihn ungeduldig und riefen: „Wo ist der goldene Schöpfer?“
„Der Drachenkönig hat es abgelehnt, mir den Schöpfer zu geben“, log er und trieb sein Pferd wieder an.
Nach langer Wanderung traf A-Er in dem Dorfe ein. Schon von Weitem rief er den Leuten laut zu: „Kommt schnell herunter von den Bergen, ich habe den goldenen Schöpfer vom Drachenkönig für euch mitgebracht!“
Dann bückte er sich und tauchte die Kelle ins Wasser.

Alsbald verschwand das Wasser aus den Häusern. Als er den Schöpfer ein zweites Mal füllte, kamen die überfluteten Felder wieder hervor und mit der dritten Schöpfkelle verschwand das letzte Wasser aus dem Tal. An der tiefsten Stelle aber kam eine große schwarze Auster zum Vorschein, die hier im Schlamm gelegen hatte.

Ein Dorfbewohner hob sie auf und sagte zu A-Er: „Wir möchten so gerne unsere Dankbarkeit beweisen, aber wir haben nichts mehr, was wir dir schenken könnten. So nimm wenigstens diese Perle als Andenken an uns mit auf deinen Weg!“

Dies konnte A-Er nicht ablehnen, dankte den Bauern und verabschiedete sich von ihnen. Nun trug er zwar keine leuchtende Perle aus dem Reiche des Drachenkönigs in seinem Gepäck, aber er war glücklich, dass er diesen Menschen hatte helfen können.

„Eine solche hässliche dunkle Muschel wird die Drachenprinzessin bestimmt nicht wollen“, seufzte er traurig.

Der ältere Bruder kam als Erster zu Hause an. Er fand das schöne Mädchen wieder auf dem Stein am Flussufer und holte lachend die schimmernde Perle aus seinem Gepäck. Mit einer Verbeugung übergab er ihr die Perle und drängte sie dann ungeduldig, ihm das Jawort für die Hochzeit zu geben.

„Komm am Abend wieder, die Nacht wird entscheiden“, sagte das Mädchen. „Dann werden wir sehen, ob dies die richtige Perle ist!“

Mit diesen Worten reichte sie ihm die Perle zurück und er zog sich enttäuscht in seine Hütte zurück. Am Abend ging er wieder hinunter zum Fluss und nahm die Perle aus dem Beutel. Da erschrak er, denn sie hatte ihren Schein vollkommen verloren. Nicht der kleinste Schimmer ging von ihr aus.

„Du hast mir nicht die wahre Perle gebracht“, sagte die Drachentochter. Sie gab ihm die Perle zurück und wie er sie berührte, zerfloss sie sofort in seiner Hand und es blieb nur schmutziges Wasser übrig.

Am dritten Tag kam auch A-Er am Flussufer an, suchte das Mädchen auf dem Stein am Wasser auf, verneigte sich vor ihr und sagte: „Verzeih mir, schöne Jungfrau, ich konnte die leuchtende Perle nicht mitbringen, die du erbeten hast.“

„Und was trägst du in deinem Beutel auf dem Rücken?“, fragte das Mädchen.

„Ach, das ist nur eine schlichte Muschel, ein kleines Geschenk, das ich unterwegs von freundlichen Leuten bekommen habe.“

„Dann zeige sie mir“, erwiderte sie. A-Er nahm die Muschel heraus und zeigte sie ihr.

„Lass uns bis zum Abend warten, dann erst werden wir sehen, was für eine Muschel das ist“, sagte das schöne Mädchen.

A-Er versprach, wiederzukommen. Als es Abend wurde, holte er die Muschel wieder aus seinem Beutel und legte sie der Prinzessin auf die ausgestreckte Hand. Sie öffnete sie und holte eine Perle hervor.

A-Er traute seinen Augen nicht. Die Perle leuchtete heller als der aufgehende Mond. Sie strahlte so hell und klar, dass der Fluss und die Landschaft ringsum in Silberlicht getaucht wurden. Das schöne Mädchen nahm die glänzende Perle und hob sie in die Höhe. A-Er hatte selbst im Palast des Drachenkönigs kein so wunderbares Licht gesehen.

Die Drachenprinzessin warf die Perle hoch in die Luft und als A-Er ihr nachschaute, erblickte er einen glänzenden Palast, der am Himmel schwebte. Auf der Spitze des Daches aber strahlte jetzt die schimmernde Perle.

„Es ist dein treues und tapferes Herz, das uns den rechten Weg leuchtet", lächelte die Prinzessin. Sie nahm A-Er an die Hand und führte ihn in den Palast hoch oben in den Lüften.

# Dornröschen

Vor langer Zeit lebten einmal ein König und eine Königin, die wünschten sich sehnlichst ein Kind.

Eines Tages, als die Königin badete, kroch ein Frosch zu ihr und sprach: „Dein Wunsch wird erfüllt werden. Noch ehe ein Jahr vergeht, wirst du eine Tochter zur Welt bringen.“

Der Frosch behielt recht, und die Königin gebar ein wunderschönes Mädchen. Der König und seine Frau gaben vor lauter Freude ein großes Fest, zu dem auch die weisen Frauen eingeladen wurden, damit sie dem Kind Gutes wünschten.

Dreizehn weise Frauen gab es in dem Reich, aber da der König nur zwölf goldene Teller besaß, musste eine von ihnen daheim bleiben.

Es wurde ein rauschendes Fest, und am Ende traten die weisen Frauen an das Bettchen des Kindes und beschenkten es mit ihren Wundergaben. Die Erste wünschte ihm Tugend, die Zweite Schönheit, die Dritte Reichtum, eine andere Klugheit, und vieles mehr.

Als elf Frauen gesprochen hatten, stürmte plötzlich die dreizehnte Frau herein, voller Wut darüber, dass sie nicht eingeladen worden war. Ohne jemanden zu grüßen, rief sie mit lauter Stimme: „Die Königstochter soll sich an ihrem fünfzehnten Geburtstag an einer Spindel stechen und tot umfallen!“ Und ohne sich noch einmal umzuschauen, rauschte sie aus dem Festsaal.

Alle waren zu Tode erschrocken, vor allem die Königin war außer sich vor Sorge und Schmerz. Da trat die zwölfte Frau, die ihren Wunsch noch nicht ausgesprochen hatte, herbei. „Ich kann den Spruch nicht aufheben, aber mildern“, sprach sie. „Es soll kein Tod, sondern nur ein hundertjähriger Schlaf sein.“

Sofort erteilte der König den Befehl, alle Spindeln im ganzen Land zu verbrennen, um sein Kind vor der drohenden Gefahr zu schützen. Das Mädchen aber wuchs heran, und alle guten Wünsche der weisen Frauen erfüllten sich. Das Kind war freundlich und brav, klug und wunderschön anzusehen.

Es geschah, dass der König und die Königin genau an dem Tag nicht im Palast waren, als die Königstochter fünfzehn Jahre alt wurde. Das Mädchen lief im ganzen Schloss herum, schaute in diesen Saal und in jenes Kämmerlein und stieg auch die enge Wendeltreppe hinauf, die zum obersten Turmzimmer führte. Im Türschloss steckte ein verrosteter Schlüssel, und als sie ihn umdrehte, sprang die Tür auf.

In dem Zimmer saß eine alte Frau an einem Webstuhl, um Flachs zu spinnen. Die Königstochter grüßte freundlich und schaute der Alten neugierig zu.

„Was ist das für ein lustiges Ding, das immer so hin und her springt?“, fragte sie und nahm die Spindel in die Hand.

In diesem Moment stach sie sich in den Finger, und der Fluch der dreizehnten Frau erfüllte sich: Sie fiel augenblicklich auf das Bett und in einen tiefen Schlaf.

Und dieser Schlaf verbreitete sich über das gesamte Schloss. König und Königin, die gerade heimgekehrt waren, und der ganze Hofstaat schliefen ein. Auch die Pferde im Stall, die Hunde auf dem Hof, die Tauben auf dem Dach und die Fliegen an der Wand erstarrten in einem tiefen Schlaf.

Selbst das Feuer im Herd hörte auf zu flackern, und der Braten im Ofen brutzelte nicht länger. Der Koch, der den Küchenjungen gerade am Ohr ziehen wollte, weil der etwas angestellt hatte, verharrte in der Bewegung und schlief ein. Der Wind legte sich, und kein Blättchen regte sich mehr an den Bäumen. Stille legte sich über das gesamte Schloss.

Rings um das Schloss aber wuchs eine Dornenhecke, die schnell höher und höher rankte, bis von dem Schloss nichts mehr zu sehen war.

Im ganzen Land sprach man von dem schönen, schlafenden Dornröschen, denn so wurde die Königstochter nun genannt. Immer wieder versuchten Königssöhne, die Dornenhecke zu durchdringen. Aber alle scheiterten, die Dornen hielten sie so fest umschlungen, dass sie sterben mussten.

Nach vielen, vielen Jahren kam wieder einmal ein Königssohn in das Land.
Auch ihm wurde die Geschichte von der schönen, schlafenden Prinzessin erzählt, und auch er machte sich auf, um die Königstochter zu befreien.
Gerade aber waren die hundert Jahre verstrichen und der Tag gekommen, an dem Dornröschen aufwachen sollte. Als der Königssohn sich der Dornenhecke näherte, trug diese herrliche Blumen und teilte sich, um den Prinzen unbeschadet hindurchzulassen.
Alles war still. Vorbei an den schlafenden Tieren, dem schlafenden Hofstaat und an dem schlafenden Königspaar kam der Prinz schließlich in das Turmzimmer. Er erblickte Dornröschen, und sie war so schön, dass er nicht anders konnte und sie küsste.
In diesem Augenblick schlug Dornröschen die Augen auf und blickte ihn voller Freude an. Und da erwachte auch der übrige Palast: der König und die Königin und der ganze Hofstaat, die Pferde im Stall und die Hunde im Hof, die Tauben auf dem Dach und die Fliegen an der Wand, der Koch und die Waschfrauen, die Diener und die Knechte – alle erhoben sich und fuhren mit ihrer Arbeit fort, als wäre nichts geschehen. Das Feuer flackerte wieder, und der Braten brutzelte weiter im Ofen, und der Küchenjunge schrie: „Aua!“, weil er nun endlich am Ohr gezogen worden war.
Dornröschen und der Königssohn aber feierten ein großes Hochzeitsfest und lebten glücklich bis an ihr Lebensende.

# Fingerhütchen

Es war einmal ein armer Mann, der lebte im Tal von Acherlow am Fuße des dunklen Galti-Berges. Er hatte einen großen Buckel auf dem Rücken und daher sah seine Gestalt ganz schief und krumm aus. Er musste sich zum Gehen auf einen Krückstock stützen und kam mehr schlecht als recht voran. Die Leute in der Gegend mieden ihn, denn sein Anblick machte ihnen Angst, und dabei war er doch so harmlos, freundlich und friedliebend wie kein anderer.
Er war geduldig und geschickt und verstand sich besonders gut darauf, Körbe und Hüte aus Stroh zu flechten. Weit und breit fand man keine schönere Ware, daher bekam er oft ein paar Penny mehr dafür als üblich. Aus Neid darüber erzählten einige boshafte Leute recht wunderliche Geschichten über ihn und nannten ihn spöttisch „Fingerhütchen“, weil er meist eine Blüte des roten Fingerhuts an seiner Kappe trug.

Eines Abends war Fingerhütchen auf dem Heimweg vom Markt in Cahir nach Cappagh, doch weil ihn sein Buckel plagte, kam er nur langsam voran.

Als er am alten Hünengrab von Knockgrafton, das auf dem Wege lag, vorbeikam, war es schon dunkel. Müde und erschöpft setzte er sich an den Grabhügel, um ein wenig auszuruhen. Er war traurig, da er noch nicht einmal die Hälfte des Wegs geschafft hatte und wohl die ganze Nacht weiterwandern musste. Betrübt sah er zu den leuchtenden Sternen am Himmel hinauf.
Da hörte er auf einmal eine fremdartige, zarte Musik. Er lauschte entzückt, denn nie hatte er eine schönere Melodie gehört. Es klang hell und fein wie tausend Silberglöckchen. Viele leise Stimmen fügten sich wunderbar aneinander, sodass es nur eine einzige zu sein schien, während doch jede einen besonderen Ton hielt.
Die Worte des Lieds waren diese: „Da Luan, Da Mort, Da Luan, Da Mort, Da Luan, Da Mort.“ Danach kam eine kleine Pause, dann begann die Melodie aufs Neue.
Fingerhütchen lauschte aufmerksam und wagte kaum, sich zu bewegen, damit er auch nicht den leisesten Ton verpasste. Er bemerkte, dass der Gesang direkt aus der Erde zu ihm nach oben drang.

Wieder und wieder erklang dasselbe Lied und immer an derselben Stelle endete es und begann von Neuem.
Nachdem Fingerhütchen eine geraume Weile zugehört hatte, wurde ihm das Lied, auch wenn es wunderschön klang, ein wenig eintönig. Als abermals „Da Luan, Da Mort“ dreimal gesungen war, benutzte er die kleine Pause, nahm die Melodie auf und führte sie weiter mit den Worten: „augus Da Cadine“. Danach mischte er sich zu den Stimmen aus dem Hügel und sang mit: „Da Luan, Da Mort, Da Luan, da Mort“, sang aber bei der Pause weiter mit seinem „augus Da Cadine.“
Daraufhin ertönte ein begeistertes Jubeln aus dem Hügel. Die kleinen Wesen freuten sich außerordentlich über die Ergänzung ihres Liedes. Nun war es noch schöner und länger!

In einem kreisenden Wirbel wurde Fingerhütchen in die Luft gehoben und in Windeseile zu ihnen ins Feenreich getragen.
Was für eine Pracht leuchtete Fingerhütchen entgegen, als er sich umsah. Alles glänzte und glitzerte in reinem Gold. Es wurde ihm ein Ehrenplatz zugewiesen und es wurde ein Festessen zu seinen Ehren veranstaltet. Diener brachten ihm allerlei Köstlichkeiten, er bekam alles zu essen und trinken, was sein Herz begehrte.
Er wurde umsorgt und hofiert, als sei er der König höchstpersönlich.
Doch bald darauf beobachtete Fingerhütchen, wie immer mehr des kleinen Volkes miteinander flüsterten und die Köpfe zusammensteckten und auf ihn zeigten. Das behagte Fingerhütchen gar nicht und er begann sich insgeheim zu fürchten.
Da trat einer der Kleinen zu ihm hervor und sprach:

„Fingerhut, Fingerhut!
Fass dir frischen Mut!
Lustig und munter,
dein Höcker fällt herunter,
siehst ihn liegen, dir geht’s gut,
Fingerhut, Fingerhut!“

Kaum waren die Worte ausgesprochen, fühlte sich Fingerhütchen leicht, frei und bemerkte zu seiner größten Freude, dass der Höcker von seinen Schultern herab auf den Boden gerollt war. Er reckte und streckte sich, drehte und bewegte seinen Körper ganz ohne Schmerzen. Wie war Fingerhütchen glücklich!
Dann aber schaute er rings herum mit der größten Bewunderung und erfreute sich an all den Herrlichkeiten des Feenreichs, die ihm immer schöner vorkamen. Zuletzt war er so überwältigt von der Betrachtung des glänzenden Aufenthalts, dass ihm schwindelig wurde und er in einen tiefen Schlaf verfiel.

Als Fingerhütchen erwachte, war es heller Tag. Die Sonne schien, die Vögel sangen und er lag am Fuße des großen Grabhügels von Knockgrafton, während Kühe und Schafe friedlich um ihn herum grasten. Die Erlebnisse der letzten Nacht kamen ihm vor wie ein langer, wunderbarer Traum.

Vorsichtig griff er mit seiner Hand nach seinem Buckel. Tatsächlich, er war verschwunden!

Er betrachtete sich zufrieden von Kopf bis Fuß, denn aus ihm war ein stattlicher, kräftiger Mann geworden. Zudem trug er feine neue Kleider und Lederstiefel am Leib, die waren ein Geschenk des kleinen Volkes.

Nun machte er sich voller Stolz auf den Weg nach Cappagh, und lief so kraftvoll und schnell, als wenn er es sein Lebtag nicht anders gewohnt gewesen wäre. Niemand, der ihm begegnete, erkannte Fingerhütchen ohne seinen Buckel wieder und er hatte große Mühe, die Leute zu überreden, dass er es wirklich wäre.

Die rote Blüte an seiner Kappe behielt er bei und lebte glücklich und zufrieden bis an sein Lebensende.

# Aladin und die Wunderlampe

Es lebte einmal in längst vergangenen Zeiten ein Schneider. Er hatte einen kleinen Sohn, der hieß Aladin. Gerne hätte es der Schneider gesehen, wenn Aladin auch das Schneiderhandwerk erlernt hätte. Doch Aladin war ein Träumer, dessen Gedanken sich allein um Zauberei und verborgene Welten drehten. Als sein Vater starb, war Aladin gerade fünfzehn Jahre alt. Seine Mutter sorgte sich sehr, denn sie wusste nicht, was aus ihm werden sollte. Als sie schon glaubte, dass ihm das Leben nichts als Armut bescheren würde, geschah etwas Unglaubliches.

Aladin saß mit seinen Freunden auf dem Marktplatz. Plötzlich stand ein hochgewachsener fremder Mann vor ihm. Dieser hatte einen kohlrabenschwarzen Bart und trug einen langen dunklen Mantel. In der Hand trug er einen Stock, der aussah wie ein Zauberstab. Aladin blickte verwundert zu ihm auf.
Da fragte ihn der Fremde: „Sag, mein Junge, bist du der Sohn eines Schneiders?"
„Ja, oh Herr", antwortete Aladin.
„Und bist du im Sternzeichen der Fische geboren?"
„Das stimmt auch", sagte Aladin verwundert.
„Lebst du allein mit deiner Mutter in einem winzigen Haus am Rande der Stadt?"
Aladin nickte.
Da umarmte ihn der Fremde stürmisch und rief: „Endlich habe ich dich gefunden! Du musst wissen, ich bin dein Onkel, deines Vaters Bruder! Wir haben uns vor dreißig Jahren im Streit getrennt. Ich ging nach Mauretanien, wurde reich und berühmt. Doch meinen Bruder habe ich nie vergessen. So kam ich zurück, um mich mit ihm zu versöhnen. Aber es war zu spät, ich erfuhr, dass er gestorben war und seine Frau und sein Sohn hier in Armut leben. Also suchte ich euch, um euch beizustehen!"

Aladin freute sich sehr und brachte den Fremden nach Hause zu seiner Mutter. Auch sie hatte nie von einem Bruder gehört und sie verspürte ein leises Unbehagen, wenn sie dem Fremden in die finsteren Augen sah.

Doch als er einen Beutel voller Goldstücke auf den Tisch legte, vergaß sie ihre Zweifel und freute sich, dass Not und Sorgen ein Ende hatten.
Als er dann auch noch anbot, für Aladin ein Geschäft mit Stoffen und Teppichen einzurichten, damit er sein eigenes Auskommen habe, war sie überzeugt, dass es der seltsame Mann gut mit ihnen meinte.
Am nächsten Morgen kam der Fremde wieder, holte Aladin ab und kleidete ihn neu ein, sodass er sehr vornehm aussah.
Aladin dachte nun, dass sie einen Laden suchen und einrichten würden, doch der Fremde sagte: „Lass uns erst noch ein Stück spazieren gehen, dann kann ich dir erzählen, was ein Kaufmann wissen muss."
So gingen Aladin und der Fremde aus Stadt hinaus in die Wälder, so weit bis kein Mensch mehr zu sehen war.
„Komm mit, ich will dir etwas zeigen, was du noch nie gesehen hast", sagte der Fremde und führte Aladin auf einen hohen Berg. Dort befahl er ihm, ein Feuer anzuzünden. Aladin wunderte sich sehr, aber er gehorchte. Als das Feuer zum Himmel loderte, warf der Fremde ein übelriechendes Pulver in die Flammen und sprach Worte in einer seltsamen Sprache, die Aladin nicht verstand. Schwarzer Qualm quoll aus dem Feuer, es donnerte und die Erde bebte. Aladin erschrak. Mit einem lauten Krachen tat sich die Erde auf und ein großer Spalt zerteilte den Felsen.
Aladin wollte sein Leben retten und fliehen, doch der Fremde hielt ihn fest. Seine schwarzen Augen glühten, als er rief: „Hiergeblieben! Du kannst mir nicht entkommen, denn ich bin ein mächtiger Zauberer und du nur ein dummer Knabe!"
Dann wurde seine Stimme plötzlich wieder freundlich: „Hab keine Angst, Aladin, ich will dir ein großes Abenteuer bieten. Du liebst doch alles Geheimnisvolle! Und in dieser Erdspalte ist ein Schatz verborgen, den du, lieber Aladin, ans Tageslicht holen darfst. Dann wirst du reich sein!"
Neugierig blickte Aladin in die Felsspalte und entdeckte eine große, schwere Marmorplatte mit einem goldenen Ring daran. Da überströmte ihn die Abenteuerlust mit großer Macht. Nur zu gerne wollte er dieses Geheimnis lüften und reich und mächtig werden.
Er trat an die Spalte und sagte ratlos: „Aber wie soll ich diese schwere Platte heben? Ich in doch viel zu schwach dafür."
Da schwenkte der Zauberer seinen Zauberstab und Aladin fühlte, wie Kraft in seine Arme strömte. Er bückte sich und hob mühelos die schwere Marmorplatte empor. Sofort verließ ihn diese Kraft wieder. Ein unterirdischer Gang führte in die Tiefe des Berges. Aladin staunte.
„Höre mir gut zu", sprach der Zauberer. „Gehe durch diesen Gang, bis du in eine Halle kommst. Dort stehen vier goldene Krüge. Du darfst sie aber keinesfalls berüh-

ren, denn sonst wirst du zu Stein. Durchquere die Halle und einen wunderschönen Garten, dann erreichst du eine Grotte, in der eine unscheinbare Lampe steht. Nimm sie und bringe sie mir. Auf dem Rückweg kannst du von den Schätzen mitnehmen, was immer du willst. Ich will nur die Lampe. Wenn du all das geschafft hast, wirst du der reichste Mann der Welt sein.“

In Aladins Bauch kribbelte es vor Aufregung. Er wollte sofort los und die unterirdische Höhle erkunden. Da hielt ihn der Zauberer am Ärmel fest und gab ihm einen Ring.

„Falls du stürzt oder dir irgendetwas geschieht, drehe diesen Ring und du wirst gerettet werden“, erklärte er.

Aladin stieg hinab in den unterirdischen Gang und alles war genau so, wie es der Zauberer beschrieben hatte: die Halle, die vier Krüge, der Garten, in dem prächtig glitzernde und bunt schillernde Blumen aus reinsten Edelsteinen wuchsen. Alles leuchtete in einem magischen Licht. Schließlich gelangte Aladin in die Grotte, in der sich die Lampe befand. Er nahm sie und machte sich auf den Rückweg. Als er wieder durch den Garten kam, steckte er sich von den glitzernden Edelsteinblumen ein, so viel er nur tragen konnte, denn sie gefielen ihm besonders gut. Schnell war er wieder bei der Erdspalte angelangt. Dort wartete der Zauberer schon ungeduldig.

Die letzte Stufe war sehr hoch und Aladin streckte dem Fremden die Hand hin, damit er ihm hinaufhelfen möge.

Der Zauberer jedoch sagte: „Gib mir zuerst die Lampe, gib sie her, schnell!“

Aladin erwiderte: „Hilf mir zuerst hinaus, die Lampe steckt unten in meiner Tasche. Es ist zu umständlich, sie jetzt herauszuholen.“

„Zuerst die Lampe!“, schrie der Zauberer und die Ungeduld stand ihm ins Gesicht geschrieben.
Aladin wurde misstrauisch und weigerte sich, die Lampe herauszugeben, ehe er selbst wieder an der Oberfläche war.
Da ergriff den finsteren Magier ein gewaltiger Zorn: „Nun, dann behalte sie Lampe und nimm sie mit in den Tod! Ich werde dich hier lebendig begraben.“ Er sprach eine Zauberformel, die Marmorplatte senkte sich und die Erdspalte schloss sich. Aladin war gefangen!
Um Aladin herum wurde es finster und er bekam große Angst. Da fiel ihm der Ring ein, den ihm der Fremde gegeben hatte. „Natürlich, damit kann ich mich retten“, dachte Aladin erleichtert.
Er drehte den Ring am Finger und plötzlich stand ein Zwerg vor ihm.
„Zu deinen Diensten! Der Ring meines Herrn ist an deinem Finger und ich werde all deine Wünsche erfüllen, solange sie meinem Herrn nicht schaden“, erklärte der Zwerg.
„Dann bring mich zurück an die Oberfläche der Erde!“, befahl Aladin. Kaum hatte er zu Ende gesprochen, da befand er sich wieder unter freiem Himmel. Erleichtert atmete Aladin die frische Luft ein und dachte über all das nach, was er gerade erlebt hatte. Wieder drehte er an dem Ring und der Zwerg erschien.
„Kannst du mir erklären, was hier vor sich geht, und was der Zauberer eigentlich von mir wollte?“, fragte Aladin.

„Jener Zauberer, mein Herr", begann der Zwerg, „erfuhr von einem verborgenen Schatz in diesem Berg und von der kleinen Lampe, die er unbedingt haben wollte. Doch nur ein unschuldiges Herz kann in diesen Berg eindringen und die Lampe holen. Also suchte mein Herr dich aus, damit du für ihn die Lampe holst."

Aladin machte sich auf den Heimweg und weil er so müde war, drehte er den Ring zum dritten Mal. Als der Zwerg erschien, bat Aladin: „Bitte, bring mich nach Hause!" Und im Nu befand er sich in der Stube seiner Mutter.
Die wunderte sich nicht schlecht über all das, was Aladin ihr von seinem Ausflug und dem Fremden erzählte.
Vor allem wollte sie wissen, was es mit dieser unscheinbaren Lampe auf sich habe, die der Zauberer unbedingt besitzen wolle. Doch diese Frage konnte ihr Aladin nicht beantworten.
„Lass uns den Zwerg fragen!", rief Aladin und drehte noch einmal an dem Ring. Doch nichts geschah. Aladin drehte und drehte, bis der Zwerg tatsächlich noch einmal erschien. „Nicht zu Diensten!", sagte der Zwerg.
„Was heißt das denn?", fragte Aladin verwundert.
„Du musst dir merken, dass du mich nur drei Mal innerhalb von neun Tagen beschwören kannst. Das hast du getan. In neun Tagen komme ich wieder", sagte der Zwerg und verschwand.

Aladin war nun so müde, dass er auf der Stelle einschlief. Währenddessen machte sich seine Mutter im Haus zu schaffen und begann die kleine Lampe, die Aladin mitgebracht hatte, zu putzen. Als sie aber das dritte Mal daran gerieben hatte, erschien ein riesenhafter Geist, furchterregend und umgeben von hellem Licht.
Die Mutter schrie vor Schreck: „Bei Allah! Ich habe doch nur die Lampe geputzt! Aladin, hilf mir und mach, dass der grässliche Riese wieder verschwindet!"
Aladin nahm entschlossen die Lampe und rief: „Oh großer Diener der Lampe! Erscheinst du immer, wenn man die Lampe reibt?"
„Genauso ist es! Wird die Lampe dreimal gerieben, stehe ich zu Diensten. Ich komme, wann immer man mich ruft!", sagte der Geist mit dröhnender Stimme.
Da begriff Aladin, weshalb der Zauberer diese Lampe unbedingt hatte haben wollen. Und weil der Geist schon einmal da war, bestellte Aladin für sich und seine Mutter ein köstliches Abendessen. Im selben Moment erschien ein Tisch, gedeckt mit kostbarem Silbergeschirr und goldenen Schüsseln, voll mit den wunderbarsten Speisen und Getränken.
„Es ist ja gut und schön, dass der schreckliche Geist aus der Lampe uns dieses Essen gebracht hat. Trotzdem will ich ihn nie mehr sehen. In meiner Gegenwart sollst du den Geist nie wieder rufen", bat die Mutter.
Aladin versprach es ihr und sie aßen und tranken und freuten sich des Lebens. Aladin und seine Mutter lebten vom Verkauf des Silbergeschirrs und der goldenen Schüsseln weiterhin bescheiden in ihrer kleinen Hütte am Stadtrand. Die Zauberkraft, über die sie Macht hatten, nutzten sie, um den Armen zu helfen. So wurde Aladin im Laufe der Zeit sehr beliebt in seiner Stadt.
Ein paar Jahre später erblickte Aladin bei einem Spaziergang zufällig Badr el Budur, die Tochter des Königs, die in einer Sänfte vorübergetragen wurde. Sie warf ihm einen Blick zu und er verliebte sich sofort in das schöne Mädchen. Als sie ihm zuwinkte, war es um Aladins Herz geschehen. Er wollte Badr el Budur unbedingt heiraten!
Also bat er seine Mutter zum Palast zu gehen und beim König um die Hand der Prinzessin anzuhalten. Als Brautgeschenk sollte sie die schönsten Edelsteinblumen aus dem unterirdischen Garten mitnehmen.
Also legte sie die Blumen in ihre alte Markttasche und ging zum Königshof. Schüchtern betrat sie den Thronsaal und als sie all die vielen prächtig gekleideten Menschen sah, fühlte sie sich sehr klein und unscheinbar. Doch sie blieb tapfer stehen und wartete, bis sie vor den König treten durfte.
Der lächelte sie freundlich an und fragte: „Was willst du von mir, kleine Frau?"
Da fasste sich Aladins Mutter ein Herz und sagte: „Mein Sohn Aladin möchte deine Tochter heiraten!"

Der König riss vor Verblüffung die Augen auf und lachte: „Und in dieser alten Tasche sind wohl die Brautgeschenke."

Da öffnete Aladins Mutter ihre abgegriffene Tasche und legte die Edelsteinblumen auf den Tisch. „Davon hat mein Sohn noch viel mehr", fügte sie an.

Der König war geblendet von dem Glanz, denn in seiner Schatzkammer hatte er nicht einen Edelstein, der so groß war wie diese Blumen. Und er dachte bei sich, dass er gerne einen derart reichen Schwiegersohn hätte.

Der König überlegte kurz und sagte zu Aladins Mutter: „Sag deinem Sohn, dass ich ihm für sein Geschenk danke. Er kann meine Tochter heiraten. Doch reichen diese Edelsteine noch nicht als Brautgabe. Ich möchte vierzig Sklavinnen, die vierzig goldene Schüsseln tragen, die mit Edelsteinen gefüllt sein sollen!"

Die Mutter ging nach Hause und berichtete Aladin von der Forderung des Königs. Aladin strahlte vor Glück. Er rieb an der Lampe und alsbald standen vierzig schöne Mädchen in goldenen Gewändern vor der Tür und jede hatte eine goldene Schüssel mit Edelsteinen in der Hand. Aladins Mutter führte den Zug zum König.

Der war über die Maßen erstaunt und hieß Aladin mit offenen Armen willkommen. Auch die Prinzessin freute sich sehr, denn sie war Aladin von Herzen zugetan. Bald wurde die Hochzeit mit großem Glanz gefeiert.

Aladin und seine Frau waren so glücklich, wie man es nur sein kann. Aladin wünschte sich beim Lampengeist ein schönes Schloss für seine Familie. Dort wohnte Aladin mit seiner Frau und seiner Mutter in großer Zufriedenheit.

Doch im fernen Mauretanien lebte noch immer der finstere Zauberer. Lange Zeit glaubte er, dass Aladin in der unterirdischen Höhle gestorben sei. Eines Tages aber sagten ihm die Sterne, dass Aladin lebe und ein sehr geachteter, glücklicher und reicher Mann sei. Da wusste der Zauberer, dass Aladin die Wunderlampe zu nutzen verstand, und er wollte diese Lampe unbedingt in seinen Besitz zu bekommen. Er ersann eine List und machte sich auf den Weg in Aladins Stadt.

Als er dort angekommen war, kaufte er eine große Anzahl Lampen. Dann verkleidete er sich als Händler, ging auf die Straße und rief: „Lampen! Lampen! Wer tauscht alte Lampen gegen neue?“

Eines Tages stand er vor Aladins Schloss und rief: „Wer tauscht alte Lampen gegen neue?“

Badr al Budur hörte den Händler und sagte zu ihrer Dienerin: „Geh und hole die alte Lampe meines Mannes. Er wird sich über eine neue Lampe sicher freuen!“

Als die Dienerin die Wunderlampe brachte, gab ihr der Zauberer eine seiner schönsten neuen Lampen und machte sich so schnell wie möglich davon. Sobald er allein war, rieb er an der Lampe und befahl dem Geist: „Nimm Aladins Schloss und trage mich mit ihm nach Mauretanien!“ Und so geschah es.

Als Aladin nach Hause zurückkehrte, war der Platz, an dem sein Schloss gestanden hatte, leer. Verzweifelt berichtete er dem König, was geschehen war. Der König war entsetzt und schrie fassungslos: „Ich habe mir schon oft gedacht, dass du, oh Aladin, ein böser Zauberer bist. Wer könnte sonst so reich sein! Das hier ist der Beweis! Was hast du nur getan?“

Bestürzt erwiderte Aladin: „Ich habe gar nichts getan! Ich weiß nicht, was hier geschehen ist!“

Der König glaubte seinen Worten nicht und wollte ihn ins Gefängnis werfen.

Doch Aladin rief: „Warte! Gib mir vierzig Tage Zeit! Wenn ich bis dahin meine Frau nicht zurückbringe, kannst du mit mir tun, was du willst!“

Und der König stimmt zu. Aladin zog sich in seinen Garten zurück und betete verzweifelt zu Allah um Erleuchtung und er rang seine Hände vor Leid.

Da fiel sein Blick auf den Zauberring, den er noch immer am Finger trug und den er völlig vergessen hatte. Hoffnung erfüllte sein Herz und er drehte am Ring. Sofort erschien der Zwerg und sprach: „Zu deinen Diensten!“

„Schnell, bring das Schloss mit meiner Frau, meiner Mutter und der Wunderlampe wieder hierher!“, befahl Aladin.

Doch der Zwerg antwortete: „Das kann ich nicht, denn das geht gegen den Wunsch meines Herrn, dem Zauberer!“

„Dann bringe mich zum Schloss!“

„Das geht“, sagte der Zwerg und schon war Aladin im Schloss und bei seiner Frau.

Badr el Budur fiel ihm weinend in die Arme und sagte: „Der Zauberer erzählte mir, du seist tot und ich müsse nun ihn heiraten! Ich bin so froh, dass du am Leben bist!“

Gemeinsam überlegten sie, wie sie den bösen Zauberer überlisten könnten.

„Wenn ich doch nur einen Gegenzauber finden könnte!", grübelte Aladin.
Da zeigte Badr al Budur auf ein uraltes Buch, das auf dem Diwan lag. „Das hat der Zauberer hier vergessen! Vielleicht findest du darin eine Lösung!"
Aladin blätterte lange Zeit in dem Buch und, siehe da, er fand einen Zauberspruch, wie man Geister an einen Ring bindet und wie man diesen Zauber wieder löst.
Sofort machte er sich ans Werk. Er drehte den Ring nach rechts und links und sprach: „Ich löse dich von deinem Herrn und binde dich an meinen Stern!"
Der Zwerg erschien: „Ganz und gar zu deinen Diensten. Nun bist du mein Herr und darüber bin ich sehr froh, denn du hast mich nur selten gerufen. Außerdem war der Zauberer sehr grausam und das entspricht nicht meinem Wesen!"
Aladin lächelte: „Dann zeige, was du kannst! Schütze mich vor dem bösen Zauberer!"

Bald darauf betrat der Magier den Raum. Wütend fuhr er zurück, als er Aladin sah. „Wie bist du hierhergekommen! Ich werde dich jetzt ein für alle Mal vernichten!"

Und schon wollte der Zauberer an seiner Wunderlampe reiben. Doch Aladin war schneller und drehte an dem Ring. Der Zwerg erschien und schlug dem Zauberer die Lampe aus der Hand. Dann ergriff er ihn am Genick und flog mit ihm zum Fenster hinaus. Kurz darauf war er zurück und sagte: „Es ist alles bestens erledigt, oh Herr! Der Zauberer schmort jetzt in der Hölle, wo alle bösen Zauberer enden!“

„Dann geh deiner Wege, hilfreicher Zwerg! Ich werde dich in deiner Geisterwelt in Frieden lassen und nur in höchster Not rufen“, versprach Aladin.

Da verneigte sich der Zwerg und sagte leise: „Es ist weise von dir, oh Aladin, mit den Geisterkräften nicht leichtsinnig umzugehen. Wer es dennoch tut, begibt sich in Gefahr!“ Und er verschwand in das Reich der Geister.

Nun rieb Aladin drei Mal an der Lampe und befahl dem Riesen, das Schloss wieder an die Stelle zurückzubringen, an der es früher gestanden hatte.

Als der König an diesem Morgen ausritt, war das Schloss wieder am rechten Platz und aus dem Tor traten seine liebliche Tochter, der strahlende Aladin und auch dessen Mutter. Er sprang vom Pferd und umarmte alle in höchstem Glück.

Aladin berichtete dem König die ganze Geschichte. Nur von der Wunderlampe erzählte er nichts. Er hatte beschlossen, dieses Geheimnis für sich zu behalten und die Zauberei für alle Zeit zu beenden.

Aladin und seine Frau lebten noch sehr lange glücklich und zufrieden in dem prächtigen Schloss. Was aber aus der Wunderlampe wurde, weiß niemand zu berichten.

# Sind wir nicht Brüder?

Der Hahn verirrte sich an den Fluss und pickte dort nach Würmern im Sand. Das sah ein Krokodil und kroch näher heran, um den fetten Burschen zu schnappen. Schon riss es weit den Rachen auf.

„Was soll das?", rief der Hahn entrüstet. „Sind wir nicht Brüder? Du willst doch nicht etwa einen fressen, der zu deiner Familie gehört?"

Verdattert klappte das Krokodil den Rachen zu. Hatte der Hahn nicht eben „Bruder" gesagt? Noch niemals hatte es gehört, dass der Hahn sein Bruder sei.

‚Er will mich zum Narren halten', dachte das Krokodil und kroch wieder in den Sumpf. Am nächsten Morgen aber hatte es alles vergessen, dachte nur noch an den fetten Hahn und versuchte es ein zweites Mal. Als der Hahn das Krokodil erblickte, schimpfte er gleich wieder los: „Wie kannst du mich, deinen Bruder, fressen wollen, du Nichtsnutz, du Fresssack, du ehrloser Kerl?"

„Du verspottest mich nur", krächzte das Krokodil. „Hör auf mit dem Gerede, dass ich dein Bruder bin. Ich bin ein Krokodil und habe nichts mit dummen Hühnern zu tun. Jeder sieht, dass wir verschieden sind: Ich lebe im Wasser, du ernährst dich auf dem Land. Ich trage eine dicke Haut, dich schützt ein Federkleid. Ich habe einen breiten Rachen mit prächtigen Zähnen, du einen lächerlichen Schnabel, der nur elende Würmer aufpicken kann. Wir haben nichts miteinander zu tun."

„Und doch bist du mein Bruder", sagte der Hahn vergnügt. „Du hast vergessen, was am wichtigsten ist. Ich bin aus einem Ei geschlüpft, und auch du, Krokodil, stammst aus einem Ei. Jeder von uns kommt aus einem Ei. Wir sind Brüder, fest verbunden durch das Band der Natur. Deshalb sind wir miteinander verwandt."

Das Krokodil schwieg verdutzt und dachte nach. Der Hahn hatte recht. Seitdem frisst es keine Hühner mehr.

# Des Kaisers neue Kleider

Vor langer Zeit lebte einmal ein Kaiser, der so viel Wert auf Kleidung legte, dass er sein ganzes Geld dafür ausgab und sich um nichts anderes kümmerte. Er hatte für jede Stunde des Tages das passende Kleidungsstück, und wie man von einem König normalerweise sagte, er sei bei einer Besprechung, sagte man von diesem Kaiser, er sei bei einer Anprobe.

Eines Tages kamen zwei Betrüger in die Stadt und stellten sich beim Kaiser vor. Sie behaupteten, Weber zu sein und den wunderbarsten Stoff zu weben, den man sich nur denken könne. Ihre Stoffe seien nicht nur außergewöhnlich schön an Farben und Mustern, sondern besäßen darüber hinaus eine besondere Fähigkeit: Sie seien für denjenigen unsichtbar, der dumm ist oder sein Amt nicht verdiene.

„Das ist ja wundervoll", freute sich der Kaiser. „Mit den Kleidern kann ich erkennen, wer in meinem Reich etwas taugt, und wer nicht."

Schnell ließ er ein Säckchen Gold aus seiner Schatzkammer holen, damit die Fremden sogleich mit der Arbeit begännen.

Die beiden stellten zwei Webstühle auf und taten so, als ob sie daran arbeiteten, aber die Spule blieb leer, und die teure Seide, die sie zum Weben bekamen, verschwand in den Taschen der Betrüger.

Der Kaiser war neugierig, wie die Arbeit an seinen neuen Kleidern voranging, wollte aber nicht selbst nachsehen.

‚Mein alter, ehrlicher Minister soll zu den Webern gehen', dachte der Kaiser, ‚denn er ist klug und niemand versteht sein Amt besser als er. Also wird er den Stoff am besten beurteilen können.'

Als der brave Minister zu den Betrügern trat, die an den leeren Webstühlen arbeiteten, erschrak er fürchterlich. ‚Du lieber Himmel!', dachte er. ‚Ich kann nichts sehen! Soll das etwa bedeuten, dass ich dumm bin und nicht zu meinem Amt tauge?'

„Sagt, wie gefällt Euch das Muster? Sind die Farben nicht hübsch?", fragten die Betrüger.

„Oh ja", stammelte der alte Mann, „ganz allerliebst. Das Muster und die Farben sind hinreißend."

Die Betrüger nickten zufrieden und erklärten ihm das ungewöhnliche Muster und die Farben, und der Minister passte gut auf, um es dem Kaiser genau beschreiben zu können.
Nun verlangten die Betrüger noch mehr Gold und noch mehr Seide, ehe sie fortfuhren, an ihren leeren Webstühlen zu arbeiten.
Wenig später schickte der Kaiser einen anderen Minister zu den Webern, um zu sehen, wie weit es mit dem Stoff sei. Ihm ging es nicht anders als dem ersten Minister, auch er konnte außer dem leeren Webstuhl nichts entdecken.
„Ist das nicht ein hübsches Stück Stoff?", fragten die Betrüger erneut, und der Minister ließ sich nicht anmerken, dass er nichts sah, und lobte den Stoff über alle Maßen. Bald sprach die ganze Stadt von dem prächtigen Stoff, der für den Kaiser gewebt wurde.
Da konnte der Kaiser es nicht länger abwarten und wollte den Stoff mit eigenen Augen sehen. Zusammen mit seinen beiden Ministern, die zuvor schon dort gewesen waren, und anderen großen Staatsmännern begab er sich zu den emsigen Webern.
„Seht nur, Majestät, ist das nicht prächtig?", rief der erste Minister aus, und der zweite Minister ergänzte: „Dieses Muster, diese Farben!", und zeigte voller Begeisterung auf den leeren Webstuhl, denn beide glaubten ja, dass alle anderen den Stoff sahen.

Der Kaiser erschrak: Er konnte nichts sehen! ‚Das ist ja schrecklich!', dachte er. ‚Bin ich etwa dumm? Tauge ich nicht dazu, Kaiser zu sein?'
„Wie außerordentlich hübsch", stammelte er in seiner Not und betrachtete den leeren Webstuhl. Sein ganzes Gefolge konnte ebenfalls keinen Stoff erkennen, aber alle stimmten dem Kaiser zu: „Was für ein schöner Stoff es ist", und man kam überein, dass der Kaiser die neuen Kleider in der folgenden Woche bei der festlichen Parade tragen solle.

In der Nacht vor der großen Parade arbeiteten die zwei Betrüger besonders hart. Sie hatten lauter Lichter angezündet, und die ganze Stadt konnte beobachten, wie sie eifrig damit beschäftigt waren, die Kleider für den Kaiser fertig zu nähen. Sie nahmen den unsichtbaren Stoff vom Webstuhl und schnitten mit großen Scheren in der Luft herum, sie nähten mit Nadeln ohne Faden und riefen zuletzt: „Nun sind des Kaisers neue Kleider fertig."

Am Morgen erschien der Kaiser in Begleitung seiner Diener, um die kostbaren Kleider in Empfang zu nehmen.

Die Betrüger standen schon bereit und präsentierten das Werk ihrer Mühen. „Seht, hier sind die Beinkleider, hier ist der Rock, hier der Mantel", und so weiter.

„Die Stücke sind so leicht wie Spinnweben, sodass man glaubt, man trage nichts als Luft auf dem Körper, das ist das Besondere", erklärten sie dem Kaiser und seinen verwunderten Dienern.

„Wenn Majestät nun seine alten Kleider ausziehen mag, werden wir ihm die neuen anziehen, hier vor dem großen Spiegel", säuselten die Weber, und als der Kaiser sich ausgezogen hatte, taten sie so, als ob sie ihm Stück für Stück die neuen Kleider anzögen.

„Wie gut Euch das steht, wie prächtig es sitzt", riefen alle aus, „und diese Muster und Farben!"

Der Kaiser drehte sich zufrieden vor dem Spiegel hin und her und betrachtete seine neuen Kleider, die er nicht sehen konnte.

„Ich bin so weit, die Parade kann beginnen“, rief er, und die Kammerdiener, die seine Schleppe tragen sollten, bückten sich, als höben sie die Schleppe auf, und taten so, als ob sie den unsichtbaren Stoff trugen.

Unter dem prächtigen Thronhimmel schritt der Kaiser durch die Straßen, und von überallher riefen die Menschen: „Oh, seht nur, was der Kaiser für schöne Kleider trägt!“ Keiner wollte sich anmerken lassen, dass er nichts sah, denn niemand wollte ja für dumm gelten.

Plötzlich rief ein kleines Kind: „Aber er hat ja gar nichts an!“

„Du hast recht“, stimmte der Vater zu, und bald flüsterte jeder, was das Kind gesagt hatte: „Der Kaiser hat gar nichts an“, und schließlich rief das ganze Volk: „Der Kaiser hat gar nichts an!“

Da merkte der Kaiser, dass das Volk die Wahrheit sagte. Aber tapfer und würdevoll schritt er weiter, bis die Parade zu Ende war, und seine Kammerdiener trugen die Schleppe, die gar nicht da war.

# Das Schloss östlich der Sonne und westlich des Mondes

Im hohen Norden lebte einst ein Tagelöhner, der war so arm, dass er seine große Familie mehr schlecht als recht versorgen konnte. Sein ganzer Stolz waren seine vielen Kinder, die alle wohlgeraten, klug und hübsch waren. Die jüngste Tochter aber war so ungewöhnlich schön, dass es sich weit über Berg und Tal herumsprach.

Eines Abends tobte ein schlimmer Sturm und alle saßen eng beisammen am wärmenden Feuer. Da klopfte es plötzlich laut an die Türe. Der Mann öffnete und draußen stand ein großer weißer Bär.

„Guten Abend“, sagte der Bär.

„Guten Abend“, erwiderte der Mann.

„Ich habe von deiner schönen Tochter gehört“, begann der Bär. „Wenn du sie mir zur Frau gibst, mache ich dich ebenso reich, wie du jetzt arm bist.“

Dem Mann gefiel die Idee, reich zu werden, aber er wollte zuerst seine Tochter fragen. Das Mädchen aber sagte „nein“ und wollte nichts davon wissen. Der Mann ging wieder zum Bären hinaus, und die beiden beschlossen, dem Mädchen eine Woche Zeit zu geben, um sich die Hochzeit zu überlegen.

Während dieser Woche schwärmten die Eltern ihrer Tochter so lange von dem unvorstellbaren Reichtum vor, bis sie schließlich einwilligte, den Bären zum Manne zu nehmen. Nach einer Woche kam der weiße Bär um seine Braut abzuholen.

Das Mädchen setzte sich auf den Rücken des Bären, und er trabte davon. Nachdem sie eine gute Strecke zurückgelegt hatten, fragte der Bär: „Hast du Angst vor mir?“

„Nein, durchaus nicht“, antwortete sie.

„Dann halt dich nur gut fest, denn es wird eine lange Reise werden!“, sagte der Bär. Endlich gelangten sie an einen große Felsen, da klopfte der Bär an, und sogleich öffnete sich eine Tür und sie kamen in ein prächtiges Schloss mit hell erleuchteten Zimmern. Im großen Saal stand ein Tisch, der über und über mit den herrlichsten Gerichten bedeckt war. Der weiße Bär gab dem Mädchen eine silberne Glocke und sprach: „Hast du einen Wunsch, dann läute, und er wird dir erfüllt werden.“

Damit wünschte er ihr eine gute Nacht und verschwand.

Nicht lange, da wurde das Mädchen müde, läutete und wünschte sich einen Schlafplatz für die Nacht. Sogleich befand sie sich in einem prächtigen Zimmer, da stand ein weiches Bett mit Laken aus Samt und Seide. Sie legte sich nieder und war fast eingeschlafen, da bemerkte sie, wie sich ein fremder Mensch vorsichtig und leise zu ihr ins Bett legte.

Das war der weiße Bär, der in der Nacht sein Bärenfell abwerfen durfte. So ging es Nacht für Nacht, aber das Mädchen bekam den Fremden nie zu Gesicht, denn er war bereits im Morgengrauen wieder verschwunden.

Das Mädchen lebte eine Weile zufrieden im Reich des weißen Bären. Doch es fühlte sich einsam und hatte mehr und mehr Heimweh nach ihrer Familie.

Eines Abends fragte sie den Bären, ob sie nicht einmal ihre Familie besuchen dürfe, denn sie wollte so gerne ihre Geschwister wiedersehen.

„Natürlich darfst du deine Familie besuchen“, antwortete der Bär. „Doch musst du mir versprechen, niemals mit deiner Mutter alleine zu sprechen, was auch geschieht, sonst bringst du großes Unglück über uns!“

Das Mädchen versprach es gerne und schon eine Woche später machte sich der weiße Bär mit ihr auf den Weg.

Nachdem sie eine sehr weite Strecke zurückgelegt hatten, kamen sie an ein großes, weißes Haus, wo ihre Geschwister in einem Rosengarten spielten. Alles war so reich und so prächtig, dass es eine wahre Freude war.

„Hier wohnen deine Eltern", erklärte der weiße Bär. „Vergiss nur nicht, was ich dir gesagt habe, sonst machst du dich und mich unglücklich."

Das Mädchen nickte, stieg vom Rücken des Bären und wurde von ihrer Familie stürmisch begrüßt.

Die Eltern dankten ihrer Tochter und sagten, dass sie all den Reichtum nur ihr allein zu verdanken hätten, und fragten, wie es ihr bei dem weißen Bären ergehe. Das Mädchen antwortete, sie habe alles, was sie sich nur wünschen könne, und es ginge ihr gut.

Am Nachmittag wollte die Mutter allein mit ihrer Tochter sprechen. Die aber dachte an ihr Versprechen und erwiderte: „Was ich zu erzählen habe, kann ich eben so gut hier sagen."

Doch schon am Abend – sie wusste selbst nicht recht, wie es kam – saß sie vertraulich mit ihrer Mutter beisammen und berichtete von dem seltsamen Fremden, den sie noch nie gesehen habe und der am Morgen stets verschwunden war.

„Oh weh, das ist am Ende ein Troll", rief die Mutter erschrocken. „Aber ich habe einen guten Rat für dich. Nimm diese Kerze und verstecke sie gut. Wenn der Troll schläft, zünde das Licht an und betrachte ihn, dann weißt du Bescheid. Pass aber gut auf, dass du keinen Tropfen Wachs auf ihn fallen lässt."

Die Tochter nahm die Kerze und am Abend kam der weiße Bär und brachte sie zurück in sein Schloss. Er fragte sie, ob er mit seiner Ahnung recht gehabt habe, dass die Mutter sie vertraulich zu sprechen wünschte. Und das Mädchen konnte es nicht leugnen.

„Höre nicht auf deine Mutter, sonst machst du uns beide unglücklich!", warnte der Bär noch einmal eindringlich.

Am Abend war alles wie immer. Das Mädchen begab sich zu Bett und etwas später kam ein Mensch herein und legte sich vorsichtig neben sie. Das Mädchen wartete, bis er eingeschlafen war, dann zündete sie mit zitternder Hand die Kerze an. Da erblickte sie neben sich den schönsten Prinzen, den man sich nur vorstellen konnte. Er gefiel ihr so gut, dass sie sich auf der Stelle in ihn verliebte und sich niederbeugte, um ihn auf die Wange zu küssen. Dabei fielen drei heiße Wachstropfen auf sein Hemd und er erwachte.

„Was hast du nur getan!", rief der Prinz entsetzt. „Nun hast du uns beide ins Unglück gestürzt. Noch ein paar Tage, dann wäre ich erlöst gewesen, denn ein altes Trollweib hat mich in einen Bären verwandelt. In dieser Gestalt muss ich ausharren, bis ich ein Jahr mit einem Mädchen verheiratet wäre. Nun muss ich zu ihr zurückkehren, ihre hässliche Tochter zur Frau nehmen und für immer und ewig im Schloss östlich der Sonne und westlich des Mondes leben."

Das Mädchen weinte und klagte, aber es half nichts. Der Prinz sagte, er müsse sie verlassen.

„Kannst du mir nicht sagen, wie ich dich wiederfinden kann? Wie finde ich den Weg zum Schloss östlich der Sonne und westlich des Mondes?", fragte das Mädchen.

„Dorthin führt kein Weg und du wirst das Schloss wohl niemals finden", sagte der Prinz betrübt.

Am nächsten Morgen waren der Prinz und das gesamte Schloss verschwunden. Das Mädchen erwachte in einem dunklen Wald, einsam und alleine. Zuerst weinte sie bitterlich, doch dann machte sie sich auf den Weg und wanderte viele Tage, bis sie auf eine alte Frau traf, die einen Korb goldener Äpfel trug.

„Mütterchen, kennt ihr den Weg zum Schloss östlich der Sonne und westlich des Mondes?", fragte das Mädchen. „Ich suche meinen Prinzen."

„Ach so, dann bist du wohl das Mädchen, das er heiraten wollte?", entgegnete die Alte. „Ich kenne den Weg dorthin nicht. Aber ich leihe dir mein Pferd, damit kannst du zu meiner Nachbarin reisen, vielleicht weiß

sie Rat. Kommst du dort an, schicke mir mein Pferd zurück, es kennt den Weg.“ Sie schenkte dem Mädchen noch einen ihrer goldenen Äpfel und wünschte ihr viel Glück.

Das Mädchen ritt lange, lange Zeit. Schließlich kam sie an einen Berg, vor dem saß eine alte Frau mit einer goldenen Haspel. Das Mädchen fragte die Frau, ob sie ihr nicht den Weg zu dem Schloss sagen könne, das östlich von der Sonne und westlich vom Mond liege.

Die Frau erwiderte: „Mein Kind, ich kann dir nicht helfen. Doch ich leihe dir meinen Esel, der bringt dich zu meiner Nachbarin, vielleicht kennt sie den Weg. Bist du bei ihr, so schicke mir meinen Esel zurück, er kennt den Weg.“ Zum Schluss gab sie dem Mädchen noch ihre goldene Haspel, denn sie könnte vielleicht nützlich sein.

Das Mädchen setzte sich auf den Esel und ritt weiter. Recht bald traf sie eine Frau, die saß vor dem Haus und spann mit einem goldenen Rocken. Da fragte das Mädchen wieder nach dem Prinzen und nach dem Schloss, das östlich von der Sonne und westlich vom Mond liege.

„Da musst du meinen Freund, den Ostwind fragen“, erklärte die Frau „Er kommt weit in der Welt herum. Vielleicht kann er dich dorthin wehen.“ Zuletzt gab ihr die Frau auch noch ihren goldenen Sprinnrocken mit. „Vielleicht kann er dir nützlich sein“, sagte sie.

Das Mädchen lief viele, viele Tage bis sie beim Ostwind ankam, aber schließlich gelangte sie doch zu ihm.

„Ich weiß schon, was du mich fragen willst“, sagte der Ostwind, „ich habe vom Schloss östlich der Sonne und westlich des Mondes gehört, war aber noch nie dort. Wenn du willst, dann bringe ich dich zu meinem Bruder, dem Westwind. Vielleicht kann der dir Auskunft geben, denn er ist viel stärker als ich. Setze dich nur auf meinen Rücken, dann trage ich dich hin.“

Das Mädchen willigte ein und nun ging es gar rasch von dannen. Als sie beim Westwind angekommen waren, erklärte der Ostwind, dass das Mädchen auf der Suche nach ihrem Prinzen sei und ihn überall suche. Er fragte auch, ob der Westwind wisse, wo dieses Schloss liege.

„Nein“, antwortete der Westwind, „so weit habe ich noch nie geweht; aber wenn du willst, bringe ich dich zum Südwind, der ist viel stärker als wir beide und kommt weit und breit herum. Setze dich auf meinen Rücken, dann trage ich dich zu ihm.“

So zogen sie eilig dahin zum Südwind. Doch auch dieser konnte nicht helfen. Er wehte mit dem Mädchen zum Nordwind, dem stärksten und ältesten von allen.

Als sie das Reich des Nordwinds erreicht hatten, war dieser so wild, dass er sie schon von Weitem eisig anblies. „Was wollt ihr hier?“, schrie er und dem Mädchen lief ein kalter Schauder über den Rücken.

„Du musst uns nicht so kalt anblasen“, rief der Südwind. „Ich bin es doch nur, dein Bruder, der Südwind. Und das hier ist das Mädchen, das der Prinz heiraten wollte, der nun auf dem Schloss wohnt, das östlich von der Sonne und westlich vom Mond liegt. Sie sucht nach dem Weg dorthin, denn sie möchte den Prinzen gern wiederfinden."

„Oh ja, ich weiß wohl, wo das Schloss liegt", sagte der Nordwind. „es ist schon einige Zeit her, aber ich habe einmal ein Birkenblatt dorthin geweht. Doch der Weg ist so weit, dass ich danach tagelang erschöpft war und nicht mehr wehen konnte. Doch wenn du durchaus dorthin gelangen möchtest, dann will ich es mit dir versuchen!“

Früh am nächsten Morgen weckte der Nordwind das Mädchen. Dann blies er sich auf und machte sich so groß und dick, dass er ganz schrecklich anzusehen war. Dann ging es durch die Lüfte dahin, weiter und immer weiter. Unter ihnen tobte der Sturm, entwurzelte Wälder und riss Häuser ein. Dann sausten sie übers Meer und tosende Wellen begleiteten ihren Weg.

Mit der Zeit wurde der Nordwind müde und schwächer, bis er nur noch ein kleines Lüftchen war, das auf den Wellen tanzte.

„Hast du Angst?“, fragte der Nordwind.

„Nein, durchaus nicht“, antwortete das Mädchen tapfer.

Nun kam aber Land in Sicht und der Nordwind schaffte es eben noch, das Mädchen sicher am Strand abzusetzen. Dann war er so ermattet und elend, dass er sich ausruhen musste.

Das Mädchen wanderte landeinwärts und schon bald hatte sie das Schloss östlich der Sonne und westlich des Mondes gefunden. Sie setzte sich in den Schlossgarten und spielte mit dem goldenen Apfel.

Das erregte die Aufmerksamkeit der Trollprinzessin, die neugierig herankam.

„Was ist das für ein wunderschöner Apfel, den du da hast? Ich möchte ihn zu gerne haben!“

„Oh den gebe ich nicht her“, antwortete das Mädchen. „Weder für Gold noch Geld.“

„Was willst du dann für deinen goldenen Apfel haben? Verlange, was du willst.“

„Ich möchte den Prinzen treffen, der hier wohnt. Dann gebe ich dir den Apfel.“

Die Trollprinzessin antwortete, dass sich das durchaus machen ließe. Sie solle am Abend wiederkommen. Doch als das Mädchen in die Kammer des Prinzen kam, schlief dieser tief und fest. Sie rüttelte ihn, weinte und jammerte, doch sie konnte ihn nicht aufwecken.

Das Mädchen setzte sich unter ein Fenster des Schlosses und drehte ihre goldene Haspel. Nicht lange, dann kam die Trollprinzessin und alles ging gerade wie am vorherigen Tag.

Die Prinzessin fragte nach dem Preis der Haspel und das Mädchen antwortete, sie gebe die Haspel nur her, wenn sie dafür den Prinzen treffen dürfe.

Doch auch in dieser Nacht schlief der Prinz und nichts konnte ihn aufwecken.

Am nächsten Tage wollte es das Mädchen ein letztes Mal versuchen und spann fleißig an ihrem goldenen Rocken, bis die Trollprinzessin herankam. Sie wurden sich schnell einig und das Mädchen wollte am Abend wieder zur Kammer des Prinzen kommen.

Nun hatten einige Menschen, die im Schloss der Trollkönigin gefangen waren und sich als Diener und Knechte verdingen mussten, das verzweifelte Weinen des Mädchens gehört und erzählten dem Prinzen davon. Dieser wunderte sich sehr und als er am Abend seinen Schlaftrunk gereicht bekam, sah er diesen nachdenklich an. Heimlich goss er den Wein aus dem Fenster, legte sich zu Bett und tat nur so, als sei er tief und fest eingeschlafen.

Als das Mädchen hereinkam, fand sie ihn wach und erzählte ihm von ihrer langen Reise und wie sie das Schloss gefunden hatte.

„Du kommst gerade noch zur rechten Zeit", erklärte der Prinz, „denn morgen muss ich die Trollprinzessin heiraten. Aber ich will keinen hässlichen Troll zur Frau haben! Allein du bist meine Braut. Sei unbesorgt, denn ich weiß eine List und nun, da du hier bist, wird sich alles zum Guten wenden!"

Aber am nächsten Tage herrschte im Schloss emsiges Treiben, denn alle waren beschäftigt, das Schloss für das große Fest vorzubereiten.

Da sprach der Prinz: „Bevor die Hochzeit stattfinden kann, muss ich erst sehen, ob meine Braut auch tüchtig ist."

„Das ist klug gesprochen und nicht mehr als recht und billig", erwiderte die Trollkönigin. „Wie soll meine Tochter es dir beweisen?"

„Ich habe ein sehr schönes Hemd", fuhr der Prinz fort, „das möchte ich gerne auf der Hochzeit tragen. Doch leider hat es drei unansehliche Wachsflecken, die müssen rausgewaschen werden. Und ich werde nur das Mädchen zu meiner Frau wählen, welches das Hemd reinwaschen kann."

„Das will ich gerne tun", lachte die Trollprinzessin und fing auch gleich zu waschen an. Sie wusch aus Leibeskräften und gab sich alle Mühe, aber je länger sie wusch und rieb, desto größer wurden die Flecken.

„Ach, so wird das Hemd nicht sauber!", rief ihre Mutter. „Gib es mir einmal."

Aber kaum hatte sie das Hemd in die Hand genommen, da wurde es noch hässlicher und schwärzer. Die Trollkönigin konnte ja nicht wissen, dass allein ein Mensch mit mutigem Herzen in der Lage war, das Hemd reinzuwaschen, aber niemals ein Troll.

„Ach, ihr könnt das alle beide nicht. Schaut nur was ihr angerichtet habt!", rief der Prinz. „Da draußen sitzt ein armes Bettelmädchen, das versteht sich gewiss viel besser aufs Waschen als ihr alle miteinander." Und der Prinz rief nach seinem Mädchen und bat es, das Hemd zu waschen.

„Ich will es gerne versuchen", sagte das Mädchen freundlich. Kaum hatte sie das Hemd ins Wasser getaucht, da wurde es so weiß wie frisch gefallener Schnee.

„Dich will ich heiraten!", sagte der Prinz und schloss seine Braut in die Arme.

Da wurde das alte Trollweib so zornig, dass es vor Wut in die Luft ging. Der Trollprinzessin und dem anderen Trollgesindel erging es wohl ebenso, denn man hat nie wieder etwas von ihnen gehört.

Der Prinz und seine Braut befreiten alle Menschen, welche die Trollkönigin gefangen gehalten hatte. Dann nahmen sie so viel Gold und Silber mit, wie sie nur tragen konnten, und zogen weit fort von dem Schloss, das östlich der Sonne und westlich des Mondes lag.

# Der gestiefelte Kater

Es war einmal ein Müller, der hatte drei Söhne. Als der Müller starb, vererbte er dem Ältesten die Mühle, dem Zweiten den Esel und dem Jüngsten einen Kater. Der jüngste Sohn war traurig und dachte: ‚Eine Mühle und ein Esel, das sind nützliche Dinge. Aber was kann ich mit einem Kater anfangen? Ein Paar Pelzhandschuhe lass ich mir machen, das war's.'

Da trat der Kater zu ihm und sprach: „Für ein Paar Handschuhe brauchst du mich nicht zu töten. Lass mir lieber ein Paar Stiefel machen, damit ich in die Welt gehen kann, und ich werde dir zu deinem Glück verhelfen!"

Der Müllerssohn wunderte sich über die Rede des Katers, aber weil gerade ein Schuster vorbeilief, tat er dem Kater den Gefallen und ließ ihm ein Paar Stiefel machen. Als sie fertig waren, schlüpfte der Kater hinein, nahm einen Sack und eine Handvoll Getreide und ging auf zwei Beinen zur Tür hinaus.

Damals regierte in dem Land ein König, der für sein Leben gern Rebhühner aß, die jedoch schwer zu jagen waren. Der Kater wusste dies und hatte einen Plan ausgeheckt, wie er dem König zu seiner Leibspeise verhelfen könnte.

Im Wald knüpfte er den Sack auf, breitete das Getreide aus und versteckte sich im Gebüsch. Wenig später kamen die Rebhühner angelaufen, und nachdem sie einige Körner aufgepickt hatten, sprang der Kater aus dem Gebüsch und schnürte blitzschnell den Sack zu. Schon waren die Rebhühner gefangen.

So schnell er konnte, lief der Kater zum Schloss und ließ sich direkt zum König führen. Als er vor ihm stand, verneigte sich der Kater und sagte: „Mein Herr, der Graf, lässt Euch grüßen und schickt Euch diese Rebhühner!"

Der König war erstaunt über den seltsamen Kater. Gleichzeitig aber freute er sich auf den Braten und befahl seinem Diener, den Sack des Katers zum Dank mit Gold zu füllen.

Der arme Müllerssohn war unterdessen verzweifelt, hatte er doch sein letztes Geld für die Stiefel des Katers ausgegeben. Da spazierte der Kater zur Tür herein, schüttete ihm das ganze Gold vor die Füße und erzählte, wie er zu dem Reichtum gekommen war.

Von da an brachte der Kater dem König täglich Rebhühner, grüßte ihn von seinem Herrn, dem Grafen, bekam reichlich Gold und wurde bei Hofe ein gern gesehener Gast.

Einmal hörte er, dass der König mit seiner Tochter eine Kutschfahrt unternehmen wollte. Da sprang er rasch zum Müllers-

sohn und drängte: „Komm schnell mit mir hinaus an den See, du musst dort baden!"
Der Junge folgte ihm, und als er in den See gestiegen war, versteckte der Kater seine Kleider. Wenig später kam die Kutsche des Königs vorbeigefahren. Da trat der Kater hervor und jammerte: „Zu Hilfe! Mein Herr, der Graf, war gerade zum Baden in dem See, da haben ihm Diebe seine Kleider gestohlen. Nun ist mein Herr im Wasser und kann nicht heraus!"
Der König ließ sogleich einen Diener ins Schloss eilen, um einige seiner Kleider zu holen. Der Müllerssohn zog sie an, und da der König ihn sowieso schon lange kennenlernen wollte, bat er ihn in die Kutsche. Auch die Königstochter war darüber erfreut, denn der Müllerssohn war jung und schön und gefiel ihr sehr.
Der Kater aber war vorausgegangen, um seinen Plan weiterzuverfolgen. Als er an einer großen Wiese vorbeikam, fragte er die Leute, die dort arbeiteten: „Wem gehört diese Wiese?"
„Dem großen Zauberer."
„Wenn der König hier vorbeifährt, dann sagt: ‚Die Wiese gehört dem Grafen.' Wenn ihr das nicht tut, dann werdet ihr furchtbar bestraft!"
Der Kater lief weiter und gelangte an ein Kornfeld. „Wem gehört das Kornfeld?"
„Dem großen Zauberer."
„Wenn der König hier vorbeifährt, dann sagt: ‚Das Kornfeld gehört dem Grafen.' Wenn ihr das nicht tut, werdet ihr furchtbar bestraft!"
Schließlich kam der Kater an einen großen Wald. „Wem gehört der Wald?"
„Dem großen Zauberer."
„Wenn der König hier vorbeifährt, dann sagt: ‚Der Wald gehört dem Grafen.' Wenn ihr das nicht tut, dann werdet ihr furchtbar bestraft!"

Dann lief der Kater zum Schloss des großen Zauberers und trat keck vor ihn hin und sprach: „Großer Zauberer, ich habe gehört, dass du dich in jedes Tier verwandeln können sollst. Was einen Hund oder einen Fuchs betrifft, so glaube ich dir, aber kannst du dich denn auch in ein so großes Tier wie einen Elefanten verwandeln?"
Stolz antwortete der Zauberer: „Das ist für mich eine Kleinigkeit!" Einen Augenblick später hatte er sich in einen Elefanten verwandelt.
„Das ist erstaunlich", lobte der Kater, „und wie ist es mit einem Löwen?"
„Ha!", rief der Zauberer verächtlich, und schon stand er als Löwe vor dem Kater.
„Das ist wirklich nicht zu fassen!", rief der Kater. „Deine Kunst ist unglaublich! Jetzt frage ich mich aber, ob du dich auch in etwas ganz Kleines, zum Beispiel eine Maus,

verwandeln könntest? Das kann ich mir einfach nicht vorstellen!“
Der Zauberer, ganz eingelullt von den süßen Worten des Katers, antwortete: „Aber ja, liebes Kätzchen, auch das kann ich!“ Schon sprang er als kleine Maus im Zimmer herum.
Der Kater zögerte nicht lange. Mit einem Satz war er bei der Maus und fraß sie auf.

Unterdessen war der König mit dem Müllerssohn weitergefahren und an der großen Wiese angelangt.
„Wem gehört diese Wiese?“, wollte der König wissen.
„Dem Herrn Grafen!“, riefen die Bauern, genau so, wie es ihnen der Kater befohlen hatte.
„Da habt Ihr aber eine schöne Wiese, Herr Graf“, sagte der König anerkennend.
Dann kamen sie zu dem Kornfeld.
„Wem gehört das Kornfeld?“, fragte der König. „Dem Herrn Grafen!“, riefen die Leute.
„Was für schöne Ländereien Ihr habt, Herr Graf“, staunte der König.
Danach fuhren sie am Wald vorbei und wiederum fragte der König: „Wen gehört dieser Wald?“
„Dem Herrn Grafen!“, riefen auch diesmal die Menschen.
„Ihr müsst ein reicher Mann sein!“, rief der König bewundernd.
Endlich erreichten sie das Schloss des Zauberers. Der Kater erwartete sie schon an der Treppe und empfing sie mit den Worten: „Herzlich willkommen im Schloss meines Herrn, dem Grafen!“
Der Müllerssohn führte den König und die Prinzessin im Schloss umher, und wieder staunte der König über den Reichtum des Grafen.
Und weil sich die Prinzessin und der Müllerssohn auf Anhieb lieb hatten, wurde bald darauf Hochzeit gefeiert. Als der König starb, wurde der Müllerssohn König und der gestiefelte Kater sein Erster Minister.

# Das Mädchen aus dem Apfel

Es waren einmal ein König und eine Königin, die wünschten sich schon lange vergeblich ein Kind. Darüber waren sie sehr traurig. Eines Tages begegnete die Königin in ihrem Garten einer alten Frau und klagte: „Warum kann ich keine Kinder bekommen, so wie der Apfelbaum dort Äpfel trägt?"
„Tröste dich!", sagte die Alte. „Auch du wirst eines Tages Frucht tragen, genau wie der Apfelbaum."
Und die Alte behielt recht: Schon bald wurde die Königin schwanger, aber als die Zeit gekommen war, gebar sie nicht ein Kind, sondern einen Apfel, einen so schönen rot und weiß glänzenden Apfel, wie man noch nie einen gesehen hatte. Der König nahm den Apfel, legte ihn vorsichtig in eine goldene Schale und stellte diese hinaus auf den Balkon seines Palastes.

Gegenüber dem königlichen Palast stand das prächtige Haus eines jungen Fürsten. Als dieser eines Tages aus seinem Fenster sah, erblickte er auf dem Balkon des Königspalasts ein wunderschönes Mädchen – weiß und rot wie ein Apfel –, das saß in der Sonne und kämmte sein Haar. Kaum aber hatte das Mädchen bemerkt, dass es beobachtet wurde, eilte es zu der goldenen Schale, schlüpfte in den Apfel hinein und war verschwunden.

Nur wenige Augenblicke waren vergangen, aber der junge Fürst hatte sich auf der Stelle in das schöne Mädchen verliebt. Nun war guter Rat teuer.
„Wie kann ich das Mädchen nur für mich gewinnen?" Er überlegte hin und her, schließlich fasste er sich ein Herz, ging zum Palast und machte der Königin seine Aufwartung.
„Majestät", sagte er, „ich bitte Euch um einen Gefallen".
„Einem freundlichen Nachbarn will ich gerne Hilfe gewähren", antwortete die Königin freundlich.
„Nun, so schenkt mir bitte den schönen Apfel, der draußen auf Eurem Balkon liegt", sprach der Fürst.
„Ja, wo denkt Ihr denn hin, mein Fürst", rief die Königin verwundert, „wisst Ihr

denn nicht, dass ich diesen Apfel sehnlichst herbeigesehnt, dass ich ihn geboren habe?"
Doch der Fürst bat und bettelte so sehr, dass sie endlich nachgab.
„Ich will ihn Euch überlassen, um die gute Freundschaft nicht zu zerstören. Aber hegt und pflegt mir den Apfel wohl!", erklärte sie.

Behutsam trug der Fürst die goldene Schale hinüber in sein Haus und stellte sie in sein Gemach. Dann holte er alles herbei, was zum Waschen und Kämmen nötig war, und schloss sich mit dem Apfel in sein Zimmer ein.

Das Mädchen verließ jeden Morgen den Apfel, wusch sich und kämmte sich, und der Fürst schaute zu und konnte sich an ihrer Schönheit nicht sattsehen. Sonst tat das Mädchen nichts: Es aß nicht, es trank nicht und es sprach kein Wort. Es wusch und kämmte sich nur und kehrte dann wieder in den Apfel zurück.
Der junge Fürst lebte seit dem Tod seines Vaters mit seiner Stiefmutter zusammen, die argwöhnisch beobachtete, dass er sich nun jeden Morgen in sein Zimmer einschloss. Darüber zerbrach sie sich den Kopf: „Ich möchte doch zu gerne wissen, warum mein

Sohn sich immer verborgen hält. Er muss ein Geheimnis haben!"

Der Zufall kam ihr eines Tages zu Hilfe, denn es brach ein Krieg aus und der Fürst musste ins Feld ziehen, auch wenn ihm das Herz blutete. Er rief seinen treuesten Diener zu sich und sprach: „Ich überlasse dir hier den Schlüssel zu meinem Gemach. Gib acht, dass niemand außer dir das Zimmer betritt! Du musst dafür sorgen, dass jeden Morgen frisches Wasser und ein Kamm für das Mädchen im Apfel bereitsteht. Wenn ihr auch nur das Geringste geschieht, kostet es dich den Kopf!"

„Habt Vertrauen, mein Fürst", erwiderte der Diener, „ich werde mein Bestes tun."

Doch als der junge Fürst fortgezogen war, witterte die Stiefmutter die Gelegenheit, in das Zimmer ihres Stiefsohnes zu schleichen und ihre Neugierde zu befriedigen.

‚Ich werde den Diener doch irgendwie überlisten können', dachte sie. Dann ließ sie ihm ein Schlafmittel in den Wein mischen und als er tief eingeschlafen war, stahl sie ihm den Schlüssel aus der Tasche, öffnete die Tür und durchstöberte den ganzen Raum. Sie suchte und suchte, konnte aber nichts Außergewöhnliches entdecken.

Da fiel ihr Blick auf den schönen Apfel in der goldenen Schale. „Dann kann nur dieser Apfel sein Geheimnis sein", dachte sie und betrachtete ihn verwundert von allen Seiten.
Dann zog sie einen kurzen Dolch aus ihrem Gürtel und begann den Apfel durchzuschneiden. Schon beim ersten Schnitt drang Blut aus dem Apfel und auch beim nächsten Stich quoll Blut hervor. Voller Schrecken sah sie, was sie angerichtet hatte, eilte aus dem Zimmer, steckte dem schlafenden Diener den Schlüssel wieder in die Tasche und verschwand.

Als der Diener endlich erwachte, konnte er sich nicht erklären, was mit ihm geschehen war. Er lief in das Zimmer seines Fürsten und sah mit Entsetzen die Schnitte im Apfel und das viele Blut.
„Weh mir, das kostet mich mein Leben!", rief er verzweifelt aus, „Was soll ich Armer nur anfangen?"
Er rannte aus dem Haus und lief und lief, bis er zu seiner Patin kam. Diese war eine gütige Fee und sie war es auch, die in der Gestalt einer alten Frau einst der Königin vorausgesagt hatte, dass sie einen Apfel zur Welt bringen würde.
„Hilf mir, oh hilf mich doch", bat der unglückliche Diener. „Man wird mich sonst gewiss töten." Und er erzählte ihr alles, was sich zugetragen hatte.

„Nimm dieses Pulver", sagte darauf seine Patin, „und streue es über den Apfel und über die Schale. Es wird den Apfel wiederherstellen und auch das Mädchen heilen, das darin verborgen ist. Aber beeile dich, der Fürst wird noch heute zurück erwartet."

Der Diener eilte in das Zimmer und streute behutsam das Pulver über den Apfel, so wie es seine Patin befohlen hatte. Dann setzte er sich neben die Schale und bewachte den Apfel. Nur wenige Augenblicke später lag er wieder makellos wie zuvor in der Schale.

Bald darauf kehrte der junge Fürst zurück und lief voller Ungeduld in sein Zimmer. In dem Augenblick aber, als er eintrat, brach der Apfel auseinander und das schöne Mädchen stieg unversehrt heraus.

Wie staunte der Fürst aber, als das Mädchen zum ersten Mal den Mund auftat und zu sprechen anfing: „Hör zu, mein Fürst, deine Stiefmutter hat mir mit ihrem Dolch schwere Wunden zugefügt, aber dein treuer Diener hat mich geheilt und gerettet. Auf den heutigen Tag bin ich achtzehn Jahre alt geworden und der Zauber, der mich in den Apfel gebannt hatte, ist nun endlich gebrochen. Wenn du willst, so werde ich bei dir bleiben und deine Frau werden."

„Und ob ich das will!", rief der Fürst voller Freude und ließ sogleich die Hochzeit verkünden.

Das Fest wurde fröhlich in den beiden benachbarten Palästen gefeiert. Nur die Stiefmutter fehlte, denn die hatte sich heimlich aus dem Staube gemacht und niemand hat je wieder von ihr gehört.

# Der selbstsüchtige Riese

Jeden Nachmittag, gleich nach der Schule, gingen die Kinder in den Garten des Riesen, um dort zu spielen. Es war ein großer wunderschöner Garten mit weichem grünem Gras und Tausenden von Blumen, die wie Sterne strahlten. Auf der Wiese standen auch zwölf Pfirsichbäume, die im Frühling zartrosa blühten und im Herbst die herrlichsten Früchte trugen. Die Vögel im Garten sangen so lieblich, dass die Kinder ihr Spiel unterbrachen, um ihnen zuzuhören. „Wie glücklich wir hier sind!", riefen sie einander zu.

Doch eines Tages kam der Riese zurück. Er hatte seinen Freund, den Menschenfresser aus Cornwall, besucht und war ganze sieben Jahre bei ihm geblieben. Nach diesen sieben Jahren hatten sich die beiden alles erzählt, was sie zu erzählen hatten, denn mehr wussten sie nicht zu sagen, und da beschloss der Riese, nach Hause zurückzukehren. Als er an sein Haus kam, sah er die Kinder, die fröhlich im Garten spielten. „Was wollt ihr hier?", schrie er mit mürrischer Stimme und die Kinder rannten ängstlich davon.

„Mein Garten ist nun mal mein Garten", brummte der Riese. „Das muss doch jeder verstehen. Ich werde niemandem erlauben, ihn zu betreten, außer mir selbst!"

Daher baute er eine hohe Mauer um den Garten und stellte ein Schild auf, auf welchem geschrieben stand: Betreten strengstens verboten! Er war wirklich ein sehr selbstsüchtiger Riese.

Nun konnten die armen Kinder nirgendwo mehr spielen. Sie versuchten es auf der Straße, aber die war zu staubig und voller harter Steine, da gefiel es den Kindern nicht. Nach der Schule liefen sie oft um die hohe Gartenmauer herum und sprachen von dem wunderschönen Garten, der dahinter verborgen lag.

„Wie glücklich wir dort doch waren!", sagten sie zueinander.

Dann kam der Frühling zurück ins Land und überall blühte es und die Vögel zwitscherten in den Bäumen.

Nur im Garten des Riesen blieb es Winter. Die Vögel wollten dort nicht singen, weil keine Kinder da waren, um zuzuhören.

Auch die Bäume vergaßen zu blühen. Nur eine einzige Blume streckte ihr zartes Köpfchen aus dem Gras. Doch als sie das Schild sah und las, was dort geschrieben stand, hatte sie so großes Mitleid mit den Kindern, dass sie sich wieder in die Erde zurückzog und weiterschlief.

Die Einzigen, die sich im Garten des Riesen so richtig wohlfühlten, waren der Schnee und der Frost.

„Der Frühling hat diesen Garten wohl vergessen!“, jubelten sie. „Jetzt können wir das ganze Jahr über hierbleiben.“

Der Schnee hüllte das Gras in seinen weißen, kalten Mantel ein und der Frost zauberte silbernen Glanz an alle Bäume. Dann luden sie ihren Freund, den Nordwind, zu sich ein, und dieser kam mit Freuden. Er tobte den ganzen Tag im Garten umher und blies die Schornsteine vom Dach.

„Welch ein herrlicher Ort!“, rief er erfreut. „Wir sollten noch den Hagel auf einen Besuch bitten!“

Und so erschien der Hagel. Jeden Tag prasselte er drei Stunden lang auf das Dach und zerbrach die ganzen Ziegel, dann raste er durch den Garten, so schnell er nur konnte. Er war von Kopf bis Fuß grau gekleidet und sein Atem war kalt wie Eis.

„Warum kommt der Frühling dieses Jahr nur so spät?“, wunderte sich der selbstsüchtige Riese, als er am Fenster saß und in seinen Garten hinabblickte. „Ich hoffe, das Wetter ändert sich bald.“

Aber der Frühling und der Sommer kamen nicht. Der Herbst schenkte jedem Garten goldene Blätter und Früchte, doch den Garten des Riesen ließ er aus.

„Der Riese ist zu selbstsüchtig“, sagte der Herbst. So blieb es immer Winter im Garten des Riesen und der Nordwind, der Hagel, der Frost und der Schnee tanzten und wirbelten durch die Bäume.

Eines Morgens erwachte der Riese in seinem Bett und hörte liebliche Musik. Es tönte so süß und melodisch in seinen Ohren, dass er dachte, die Musiker des Königs zögen durch die Straßen.
In Wirklichkeit aber saß nur ein kleiner Hänfling auf dem Fensterbrett und sang. Doch der Riese hatte schon so lange kein Vogelgezwitscher mehr in seinem Garten gehört, dass ihm der zarte Gesang wie die schönste Musik der Welt erschien.
In diesem Augenblick hörte der Hagel auf, über ihm auf dem Dach zu tanzen, der Nordwind legte sich und wurde still und ein köstlicher Duft strömte durch das geöffnete Fenster zu ihm ins Zimmer.
„Ist nun doch endlich der Frühling gekommen?“, freute sich der Riese, sprang aus dem Bett und blickte in seinen Garten.
Und was entdeckte er dort draußen?

Es war der schönste Anblick, den man sich denken konnte. Durch ein kleines Loch in der Mauer waren die Kinder in den Garten gestiegen und saßen nun in den Zweigen der Bäume. In jedem Baum konnte der Riese ein kleines Kind entdecken. Und die Bäume waren so froh, die Kinder wieder bei sich zu haben, dass sie sich über und über mit Blüten schmückten und ihre Zweige sanft über den Köpfen der Kinder hin- und her bewegten. Überall flatterten Singvögel umher und jubilierten. Die Blumen streckten lachend ihre Köpfchen aus dem grünen Gras und leuchteten in allen Farben. Es war ganz allerliebst anzusehen.
Nur im hintersten Winkel des Gartens war ein kleines Fleckchen Winter übrig geblieben. Dort stand ein kleiner Junge. Er war noch so klein, dass er nicht an die Zweige herankam, und so lief er immer wieder um den Baum herum und weinte bitterlich. Der arme Baum war noch immer mit Schnee und Eis bedeckt und der Nordwind pustete und heulte über ihn hinweg.
„Komm herauf, kleiner Junge!“, bat der Baum und streckte seine Zweige so weit nach unten, wie er nur konnte, um ihm zu helfen. Doch der Junge war einfach zu klein!
Da schmolz das Herz des Riesen dahin und er erkannte: „Wie selbstsüchtig ich doch gewesen bin! Jetzt weiß ich, weshalb der Frühling nicht in meinen Garten kommen wollte. Ich will den kleinen Jungen auf die Spitze des Baumes setzen und dann werde ich die Mauer niederreißen und die Kinder dürfen von nun an immer in meinem Garten spielen!“ Und er war wirklich sehr traurig über das, was er getan hatte.

Der Riese lief die Treppen hinab, öffnete sanft die Haustüre und ging in den Garten. Doch als die Kinder ihn sahen, bekamen sie so große Angst, dass alle davonliefen und der Winter in den Garten zurückkehrte.

Nur der kleine Junge lief nicht davon, denn seine Augen waren tränenblind und er konnte den Riesen nicht kommen sehen. Dieser nahm den Kleinen behutsam in seine Hände und setzte ihn auf dem höchsten Ast des Baumes ab. Augenblicklich begann der Baum zu blühen und die Vögel flogen herbei und fingen an zu singen. Der kleine Junge streckte seine Arme nach dem Riesen aus, umarmte ihn und küsste ihn auf die Wange.

Als die anderen Kinder sahen, dass der Riese nicht länger böse war, kamen sie zurück, spielten im Garten und mit ihnen zog der Frühling ein.
„Von nun an ist es euer Garten“, sagte der Riese zu den Kindern. Dann nahm er eine große Axt und hieb die Mauer in Stücke. Als die Leute zur Mittagszeit zum Markt gingen, sahen sie den Riesen mit den Kindern im Garten spielen – im schönsten Garten, den sie jemals gesehen hatten.
Sie spielten den ganzen Tag und am Abend verabschiedeten sich die Kinder und wünschten dem Riesen eine gute Nacht.
„Wo ist denn euer Freund?“, fragte der Riese. „Der kleine Junge, den ich auf den Baum gesetzt habe.“ Der Riese mochte den Kleinen am liebsten, weil er von ihm geküsst worden war.
„Das wissen wir nicht“, antworteten die Kinder. „Er ist schon gegangen.“
„Dann sagt ihm, er soll morgen unbedingt wiederkommen“, bat der Riese.
Aber die Kinder erklärten, dass sie ihn noch nie zuvor gesehen hätten und nicht wussten, wo er wohne. Da war der Riese sehr traurig.

Jeden Nachmittag, gleich nach der Schule, spielten die Kinder nun im Garten des Riesen. Nur der kleine Junge, den der Riese am liebsten hatte, kam nie wieder.
Der Riese war freundlich zu allen Kindern und doch vermisste er seinen ersten kleinen Freund schmerzlich. Oft erzählte er den anderen Kindern von ihm. „Ach, wie gerne würde ich ihn wiedersehen!“, seufzte er dann.

Die Jahre vergingen und der Riese wurde alt und schwach. Er konnte nicht mehr mit den Kindern im Garten herumtollen. So saß er in seinem riesigen Lehnstuhl, sah den Kindern beim Spielen zu und erfreute sich an seinem Garten. ‚Es gibt so viele schöne Blumen in meinem Garten‘, dachte er. ‚Aber das Schönste darin sind die Kinder!‘

An einem Wintermorgen sah der Riese aus dem Fenster, während er sich warm anzog. Jetzt hasste er den Winter nicht mehr, da er wusste, dass der Frühling bald zurückkehren würde und die Blumen nur eine kleine Pause machten.

Plötzlich rieb er sich verwundert die Augen. Er schaute und schaute. Und es war ein wahrhaft wundervoller Anblick: Im hintersten Winkel des Gartens stand ein Baum, der über und über mit weißen Blüten bedeckt war. Seine Zweige schimmerten golden und silberne Früchte hingen darin in Hülle und Fülle. Darunter stand der kleine Junge, den der Riese so sehr ins Herz geschlossen hatte.

Der Riese lief voller Freunde in den Garten. Er eilte über die Wiese und näherte sich dem Kind. Doch als er ganz nah bei ihm war, wurde sein Gesicht rot vor Zorn und er schrie: „Wer hat es gewagt, dich zu verletzen?“

Denn auf den Handflächen des Kleinen waren die Male von Nägeln zu sehen und auch die kleinen Füße trugen die Verletzungen von zwei Nägeln.

„Wer hat es gewagt, dich zu verletzen?“, rief der Riese noch einmal. „Sag es mir, damit ich denjenigen mit meinem großen Schwert erschlagen kann.“

„Das sollst du nicht“, erwiderte der kleine Junge sanft, „denn dies sind die Wunden der Liebe!“

„Wer bist du?“, fragte der Riese. Eine seltsame Scheu ergriff ihn und er kniete vor dem Jungen nieder.

Dieser lächelte den Riesen an und sagte: „Einst hast du mich in deinem Garten spielen lassen. Heute sollst du mit mir in meinen Garten kommen, denn dort ist das Paradies.“

Als die Kinder am Nachmittag zum Spielen kamen, fanden sie den Riesen tot im Garten. Er lag friedlich unter dem Baum und Tausende weißer Blüten bedeckten ihn.

# Kalif Storch

Es war einmal in Bagdad, da lebte der Kalif Chasid. Eines schönen Nachmittags saß er auf seinem Diwan und las. Da näherte sich sein Wesir Mansor und sagte: „Herr, unten am Palast steht ein Krämer, der hat wunderbare Sachen."

Der Kalif wollte dem Wesir eine Freude machen und ließ den Mann zu sich rufen. Der Krämer war ein kleiner, dicker Mann mit schwarzbraunem Gesicht und zerlumpten Kleidern. In seiner Schatulle befanden sich jedoch die prächtigsten Dinge: Schmuck, Perlen, reich verzierte Waffen und glitzernde Tücher.

Der Kalif Chasid schenkte dem Wesir eine schöne Pistole und obendrein einen herrlichen Kamm für seine Frau. Als der Krämer bereits alle seine Waren wieder einpackte, erblickte der Kalif ein kleines, geheimnisvolles Kästchen.

„Was ist denn das?", wollte er wissen.

„Ach, nichts Besonderes", antwortete der Krämer, „irgendein Pulver und ein Zettel. Niemand kann die Schrift darauf verstehen …"

Der Kalif jedoch war neugierig geworden und kaufte die Dose. Am anderen Tag ließ er Selim, den Gelehrten, zu sich rufen. Selim war überaus gebildet und kannte fast jede Sprache. Als er eine Weile geschaut hatte, rief er: „Das ist Lateinisch! Ich werde es für Euch übersetzen, Herr."

Und Selim sprach: „Fremder, wenn du dies liest: Willst du dich in ein Tier verwandeln, dann schnupfe dieses Pulver, neige dich dreimal nach Osten und sprich MUTABOR. Willst du zurückverwandelt werden, so tue dasselbe. Aber hüte dich zu lachen, solange du verwandelt bist. Du vergisst sonst das Zauberwort und bleibst für immer ein Tier!"

Der Kalif freute sich und sagte zu seinem Wesir: „Höre, Mansor, gleich morgen früh kommst du zu mir und wir machen uns einen Spaß. Wir werden uns in ein Tier verwandeln! Dann verstehen wir endlich, was sie untereinander sagen und tun."

Am nächsten Morgen trafen sich der Kalif und sein Wesir im Palastgarten. Sie spazierten ein wenig umher und überlegten, in welches Tier sie sich verwandeln sollten. Da erblickten sie auf einem Teich zwei Störche, die suchten Frösche und klapperten dabei mit ihren Schnäbeln.

„Ich müsste mich doch sehr täuschen, wenn die zwei nicht ein lustiges Gespräch miteinander führten. Lass uns Störche werden!", schlug der Kalif vor.

Gesagt, getan. Beide nahmen ein wenig Pulver aus der Dose, neigten sich dreimal gen Osten und riefen dabei MUTABOR!

Da wurden ihre Beine dünn und rot, ihre Hälse lang und aus ihren Gesichtern wuchs ein herrlicher Storchenschnabel. Ihre Körper bedeckten weiche, schwarzweiße Federn.

„Ihr habt einen hübschen Schnabel!", rief der Kalif staunend.

„Danke", erwiderte der Wesir, „und ihr, Herr, seid als Storch beinahe noch hübscher denn als Kalif!"

Nun aber wandten sich die beiden den Störchen zu und lauschten.

„Guten Morgen, Frau Langbein!", sprach der Erste, „schon so früh auf der Wiese?"

„Auch Ihnen einen guten Morgen", antwortete der Zweite. „Ich habe mir mein Frühstück geholt. Mögen Sie vielleicht ein Viertelchen Eidechse oder ein zartes Froschschenkelchen?"

„Danke nein. Ich muss heute Abend vor den Gästen meines Vaters tanzen und möchte noch üben."

Nun stellte sich der Storch in Positur und probierte verschiedene Tanzschritte. Das wiederum sah so komisch aus, dass der Kalif und sein Wesir nicht anders konnten: Sie schütteten sich aus vor Lachen!

Plötzlich aber fiel dem Wesir ein, dass dies doch strengstens verboten war!

„Oh weh, Herr!", rief er. „Wir sollten doch nicht lachen! Wie heißt denn gleich das dumme Zauberwort? Mu … Mu … Mu …"

Aber sosehr sich auch beide bemühten: Das Zauberwort war vergessen. Der Kalif und sein Wesir mussten Störche bleiben.

Nun begann ein trauriges Leben für die beiden. Wer hätte ihnen in Bagdad schon geglaubt, dass sie eigentlich der Kalif und sein Großwesir waren? So lebten sie eine Weile auf dem Land und ernährten sich mehr schlecht als recht von Fröschen und anderem Getier.

Eines Tages aber flogen sie über die Dächer von Bagdad und erblickten einen großen Festumzug. Ein junger Mann in goldener Kleidung wurde durch die Menge getragen und alle jubelten ihm zu: „Hoch lebe Mizra, der neue Kalif von Bagdad!"

Das sagte der Kalif: „Oh weh, ich kenne diesen Mann. Mizra ist kein anderer als der Sohn meines Todfeinds, des Zauberers Kaschnur. Nun ist alles klar: Kaschnur war der Krämer! Er hat uns hereingelegt, damit sein Sohn Kalif werden kann."

Unglücklich verließen Chasid und der Wesir die Stadt und suchten weit draußen Unterschlupf in einer alten Schlossruine. Als sie gerade schlafen wollten, hörten sie jemanden leise weinen.

„Herr", sprach der Wesir, „hört Ihr das auch? Ist hier etwa noch jemand in dieser unheimlichen Ruine?"

Die beiden suchten in den dunklen Gängen und fanden schließlich eine Eule. Sie schaute die beiden aus großen, traurigen Augen an. Dann aber rief sie voller Freude: „Willkommen, ihr lieben Störche! Ihr werdet mir Glück bringen, denn es wurde vorhergesagt, dass ein Storch mich erlösen wird!"

„Hoffentlich täuschst du dich nicht“, erwiderte der Kalif, „denn wir brauchen selbst Hilfe. Höre unsere Geschichte, dann wirst du verstehen.“

Der Kalif erzählte der Eule, wie sich alles zugetragen hatte. Am Ende sprach die Eule: „Nun hört auch meine Geschichte, sie ähnelt der euren sehr. Ich heiße Lusa und mein Vater ist der König von Indien. Eines Tages kam der Zauberer Kaschnur zu uns und bat meinen Vater, mich seinem Sohn Mizra zur Frau zu geben. Mein Vater aber wurde zornig und ließ Kaschnur hinauswerfen. Eines Tages jedoch kehrte Kaschnur in verkleideter Gestalt zurück und gab mir einen Saft zu trinken, der mich in eine Eule verwandelte. Kaschnur aber rief: ‚In dieser Gestalt bleibe, bis dich einer heiratet! Dieser aber muss selbst verzaubert sein!‘

Seit diesem Tage lebe ich hier, die Natur kann ich nicht sehen, denn ich bin am Tage blind. Nur in der Nacht fliege ich umher.“

Nachdenklich sprach der Kalif: „Da sind wir tatsächlich beide auf den gleichen bö-

sen Mann hereingefallen. Aber wie können wir uns nur retten?"
„Vielleicht weiß ich eine Lösung", antwortete die Eule. „Der Zauberer Kaschnur trifft sich einmal im Monat hier in der Nähe mit anderen bösen Zauberern. Sie erzählen sich dabei ihre jämmerlichen Taten. Wer weiß, vielleicht erwähnen sie euer vergessenes Zauberwort …"
„Wann kommt er?", rief der Kalif voller Freude. „Und wo ist dieser Treffpunkt?"
„Seid mir nicht böse", erwiderte die Eule, „aber ich sage es euch nur, wenn auch ich erlöst werde. Einer von euch muss mich heiraten."
Die Störche berieten sich nun vor der Ruine, wer derjenige sei, der Lusa heiraten solle.
„Ihr müsst sie nehmen", sprach schließlich der Wesir, „Ihr wisst doch: ich bin schon verheiratet!"
Dem Kalifen war etwas mulmig zumute: Eine Eule zu heiraten war nun nicht sein Wunsch gewesen. Andererseits wollte er auch nicht für immer Storch bleiben. Schließlich willigte er ein.
Die Eule freute sich sehr und sagte: „Ihr habt Glück! Noch heute Abend treffen sich die Zauberer!"
Kurze Zeit später liefen sie durch die Gänge, bis sie an eine kleine Mauer kamen. Durch ein Loch konnte man in den großen Saal blicken. In der Mitte stand ein Tisch und an diesem ließen sich gerade acht Zauberer nieder. Auch Kaschnur und sein Sohn Mizra waren dabei. Kaschnur erzählte nun, wie er den Kalifen und seinen Wesir hereingelegt hatte.
„Welches Wort hast du ihnen denn gegeben?", fragte am Ende ein Zauberer.
Kaschnur wollte es nicht verraten, aber da meldete sich Mizra zu Wort: „Oh ein ganz schweres!", rief er. „Das kann sich kaum einer merken. Es heißt MUTABOR!"
Als die Störche das hörten, liefen sie voller Freude hinaus, beugten sich sogleich dreimal gen Osten und sprachen dabei MUTABOR.
Sofort verwandelten sie sich wieder in ihre menschliche Gestalt zurück und umarmten sich glücklich. Aber wie staunten sie, als sie sich umdrehten. Neben ihnen stand eine wunderschöne Prinzessin und lächelte sie an.
„Da hatte es doch sein Gutes, dass ich Storch geworden bin!", rief der Kalif und nahm Lusa in seine Arme.

Bei ihrer Rückkehr freute sich das Volk, ihren tot geglaubten Kalifen wiederzuhaben. Es wurde ein rauschendes Hochzeitsfest gefeiert, das drei Tage und drei Nächte dauerte.
Der böse Zauberer Kaschnur und sein Sohn Mizra aber wurden in Störche verwandelt und in Käfige gesperrt. Da standen sie nun und klapperten wütend vor sich hin.
Und wenn sie nicht gestorben sind, dann klappern sie noch heute.

# Das Geschenk der Löwin

In einem fernen Land regierte einst, vor langer Zeit, ein sehr weiser König. Er hatte die Gewohnheit, jeden Vormittag in seinem Palast alle Menschen zu empfangen, die eine Bitte, einen Wunsch oder ein Anliegen an ihn hatten.

Eines Tages, als wieder viele Menschen im Thronsaal bei der Audienz des Königs versammelt waren, schrie plötzlich jemand: „Hilfe! Ein Löwe!!“

Alle fuhren auf und erblickten zu ihrem Entsetzen an der Tür, die zum Garten führte, eine Löwin. Die Menschen stürzten Hals über Kopf aus dem Saal.

Nur der König blieb auf seinem Thron sitzen und schaute zu der Löwin hin. Er merkte, dass sie nur drei Pfoten auf den Boden gesetzt hatte. Die linke Vorderpfote hielt sie angewinkelt in der Luft.

Langsam erhob sich der König und machte behutsam einen kleinen Schritt auf die Löwin zu. Die Löwin senkte den Kopf.

Da begriff der König, dass sie ihn nicht angreifen wollte. Er näherte sich ihr langsam, streichelte ihr den Nacken und betrachtete dann ihre Pfote.

Sie hatte sich einen langen Dorn eingetreten, den sie ohne Hilfe nicht mehr herausbrachte.

„Warte“, sagte der König. „Auch dir soll geholfen werden!“

Er rief seinen Leibarzt, und der musste nun, obwohl ihm dabei die Knie schlotterten, der Löwin den Dorn aus der Pfote ziehen.

Der König hielt dabei ihren Kopf und murmelte ihr beruhigende Worte ins Ohr. Dann bestrich der Arzt die Wunde mit einer heilenden Salbe, und die Löwin humpelte davon.

Der König aber ließ seinen Geschichtsschreiber kommen und den Besuch der Löwin in der Chronik des Landes aufzeichnen. Denn es war das erste Mal, dass eine Löwin zur Audienz des Königs gekommen war.

Eine Woche später war der Thronsaal am Morgen wieder voller Menschen, als plötzlich einer schrie: „Hilfe! Ein Löwe!!“

Und wirklich stand wieder eine Löwin an der Tür zum Garten. Alle stürzten hinaus, nur der König blieb ruhig auf seinem Thron sitzen. Er hatte die Löwin gleich erkannt.

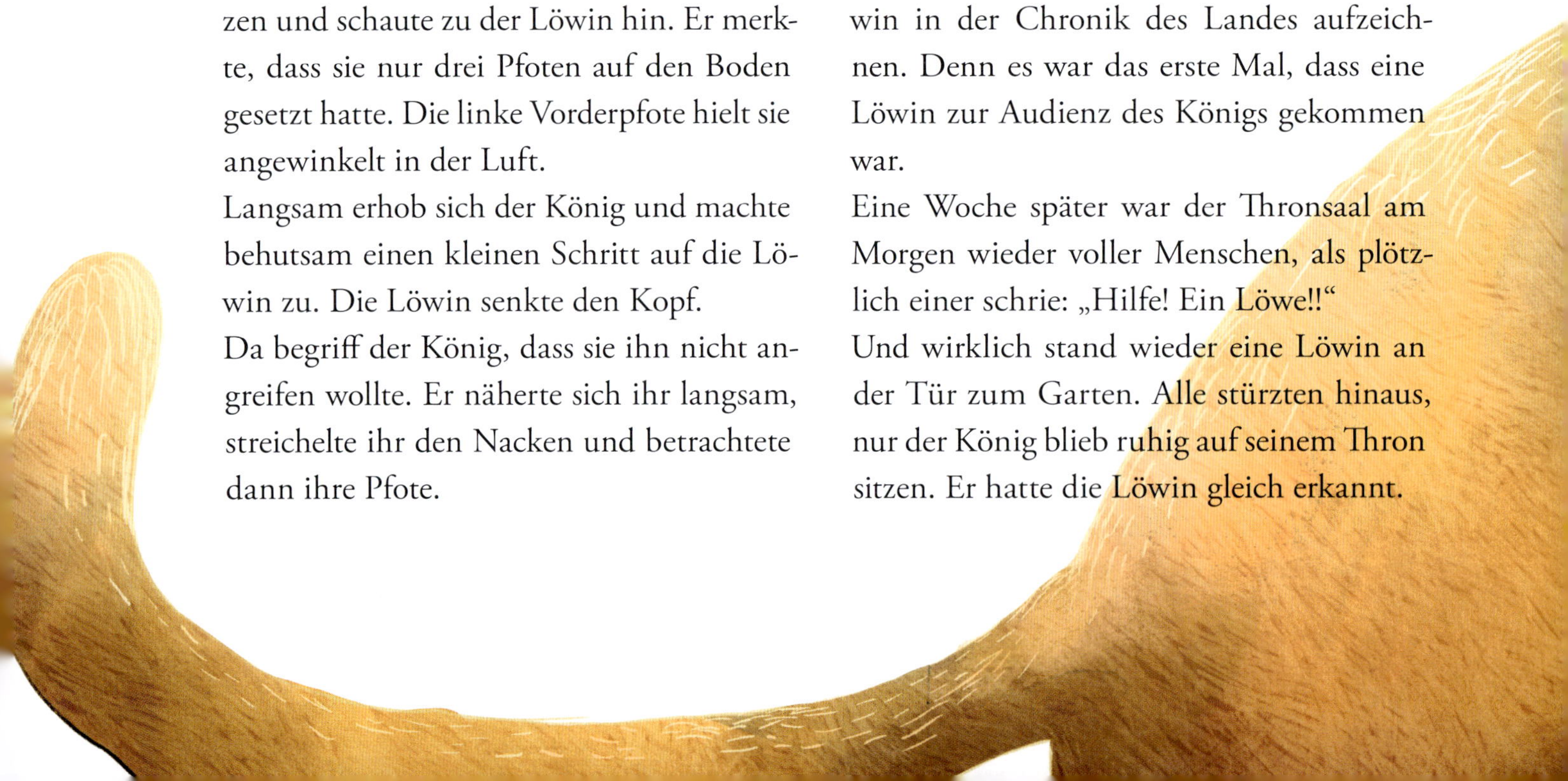

Diesmal hatte sie alle vier Pfoten aufgesetzt, und im Maul trug sie ein großes Blatt. Sie ließ es fallen, und einige Samenkörner kamen zum Vorschein. Die Löwin grub mit ihrer Pfote ein kleines Loch und verscharrte die Samenkörner. Dann brüllte sie drei Mal laut und freudig und lief davon.

„Die Löwin hat uns ein Geschenk gebracht", sagte der König. Und er befahl seinem Gärtner, die Samenkörner auszugraben und in einem besonderen Beet einzupflanzen.
Schon bald begannen kleine Pflanzen in dem Beet zu sprießen.

Sie wurden rasch größer, bekamen große Blätter und dann auch schöne Blüten. Und schließlich wuchsen Früchte daran. Erst waren sie groß wie eine Kirsche, dann wie ein Pfirsich, ein Apfel, ein Kinderkopf, ein Erwachsenenkopf ... Und sie wurden immer größer und größer.
Die Menschen des Landes bekamen Angst. Sie gingen zum König und sagten: „Die Löwin hat uns diese Früchte gebracht, es sind Löwenfrüchte. Wer weiß, was darin ist? Womöglich kleine Löwen! Wenn die Früchte reif sind, kommen sie heraus und fressen uns alle."

Der König lächelte. „Ich glaube nicht, dass in den Früchten kleine Löwen sind“, meinte er. Aber er wusste, dass man einem Menschen seine Angst nicht ausreden kann, und so sagte er: „Doch wir wollen vorsichtig sein. Wir werden eine hohe Mauer um das Beet mit den Früchten bauen. Selbst wenn kleine Löwen darin wären – was ich, wie gesagt, nicht glaube –, könnten sie uns dann nichts antun.“

Nachdem die Mauer fertig war, schlich der König eines Nachts, als alles schlief, durch die darin eingebaute Tür zu dem Beet. Er pflückte eine der Früchte und teilte sie mit seinem Schwert. Kein kleiner Löwe war darin, sondern Fruchtfleisch, saftig und duftend, und Kerne, die so aussahen wie die Samenkörner, die die Löwin ihm gebracht hatte.

Der König gab einem Esel von der Frucht zu fressen. Der Esel fraß und fraß, und es bekam ihm gut. Der König gab auch einer Ziege davon zu fressen. Auch sie fraß und fraß, konnte gar nicht genug bekommen und verschlang sogar die Schalen. Und schließlich kostete der König selbst. „Mmmm!“ Die Frucht war saftig und ungeheuer wohlschmeckend. Der König hatte noch nie etwas so Gutes gegessen.

Am nächsten Tag gab er bei der Audienz jedem, der zu ihm kam, ein Stück der Frucht und fragte: „Wie schmeckt dir das?“

Und alle antworteten: „Majestät, das ist ungeheuer wohlschmeckend! Was ist das?“

Am Ende der Audienz sprach der König: „Was ich euch heute zu kosten gab, waren die ‚Löwenfrüchte‘, das Geschenk der Löwin. Wie ihr seht, sind keine kleinen Löwen darin. Wir wollen die Früchte anbauen, damit alle Menschen sie genießen können!“

So geschah es dann auch, und die Früchte verbreiteten sich über alle warmen Länder. Im Sommer kann man sie auch bei uns kaufen – die Melonen, die die Löwin zu den Menschen brachte.

# Schneiderlein Nadelfein

Es war einmal ein Schneider, den alle, weil er die hübschesten und zierlichsten Kleider weit und breit nähte, „Schneiderlein Nadelfein" nannten. Eines Nachts träumte der Schneider, dass er durch die Welt wanderte und ihn die Leute fragten, ob er ihr König werden will.
Als der Schneider erwachte, lachte er über seinen Traum. Aber der Traum kam auch in den folgenden Nächten immer wieder. Da dachte das Schneiderlein, dass es in die weite Welt wandern und sein Glück suchen solle. Er zog seinen besten Rock und seine beste Hose an, nahm hundert Nadeln, hundert Zwirnrollen, drei Scheren, Fingerhut und Bügeleisen und machte sich auf den Weg.

Er wanderte und wanderte und kam zu einer Wiese. Dort bat er den Wind: „Wind, Wind, trag mich fort an einen fernen Ort."
Der Wind fasste den Schneider und trug ihn mit sich fort. Es war herrlich so zu fliegen. Als der Wind müde wurde, setzte er das Schneiderlein sanft an einem Feldrand ab.

„Wer ist da zu mir ins Gras gepurzelt?", knarrte eine Stimme hinter dem Schneider. Der Schneider sah sich um und entdeckte eine wunderliche Gestalt.
„Ich bin eine Vogelscheuche und bewache die Felder und Wälder. Und wer bist du?"
„Ich bin Schneiderlein Nadelfein. Der Wind hat mich hierhergeweht. Ich bin auf dem Weg nach Irgendwo, um dort König zu werden."
„Lass mich mit dir ziehen, hier ist es so einsam", bat die Vogelscheuche.

Der Schneider dachte, ja zu zweit ist es lustiger und willigte ein.
„Kannst du mir nicht meine Jacke, Hose und Hut flicken? Wenn du König wirst, will ich auch schick aussehen."
„Gern", antwortete Nadelfein. Er flickte sorgfältig alle Löcher, reparierte auch die Hutfeder und dann wanderten sie los.
Endlich kamen sie in ein Land, das aussah, wie das, von dem der Schneider geträumt hatte. Mitten in dem Land war auch eine Stadt, die der in seinem Traum glich. Seltsamerweise aber regnete es über der Stadt, während ringsherum die Sonne schien. Und es regnete nicht nur, es goss wie aus Eimern.
„Ach Nadelfein, ich mag nicht in die Stadt gehen, dort werden meine schönen Kleider nass", sagte die Vogelscheuche.
„Und ich will lieber überhaupt nicht König sein, als König in einer so nassen Stadt", entgegnete Nadelfein.
Sie wollten weiterwandern, aber da kamen die Bewohner der Stadt schon durch das Tor gelaufen und riefen: „Rettet uns. Rettet uns bevor wir im Regen umkommen!"
„Warum regnet es bei euch, während ringsrum die Sonne scheint?", fragte Nadelfein.
„Das wissen wir nicht. Unser guter König starb und seine Tochter weinte drei Wochen lang. In der vierten Woche lachte sie wieder und da haben wir vor Freude alle Kanonen abgeschossen. Seitdem regnet es ununterbrochen", antworteten die Leute.
Sie führten die Gäste in die Stadt. Überall quoll das Wasser hervor. Die Bewohner hatten alle Schnupfen. Ihre Nasen trieften. Es gab längst nicht mehr genug Taschentücher. Die Kinder mussten in den Häusern bleiben, damit das Wasser sie nicht wegtrug. Die Vogelscheuche wollte schnell weg. Doch Nadelfein überlegte laut: „Ihr habt bestimmt mit den Kanonen ein Loch in den Himmel geschossen. Ich weiß, was man da tun muss!"
Er bat die Leute, alle Leitern, die sie finden können, zu bringen. Dann stellten sie die Leitern auf. Eine über die andere. Nadelfein nahm seine hundert Nadeln, den Zwirn, die Scheren, den Fingerhut und das Bügeleisen und kletterte hoch und immer höher, bis hinauf zum Himmel. Er fädelte eine Nadel ein und begann zu nähen. Er verbrauchte hundert Nadeln und die hundert Zwirnrollen und als die letzte aufgebraucht war, war der Himmel kunstvoll geflickt. Er nahm das Bügeleisen und glättete den Himmel, dann stieg er hinab.

Das Wasser fing an zu versickern, die Kinder begannen in den Pfützen zu spielen und lachten.
Die Prinzessin kam und fragte: „Schneiderlein Nadelfein, willst du mein Gemahl sein?"
Sie küsste ihn und Nadelfein wurde König. Die Vogelscheuche aber blieb als bester Freund bei ihm und wachte über die Spatzen im Land.

# Mäuse-Sumo

Es waren einmal ein alter Mann und eine alte Frau, die lebten im Süden von Akita. Die beiden waren sehr arm.

Eines Tages ging der Mann in die Berge, um Holz zu sammeln. Plötzlich hörte er Kampfgeschrei aus den Bergen. Dem alten Mann kam das sehr merkwürdig vor, und als er in die Richtung ging, aus der er das Geschrei gehört hatte, erblickte er dort eine bis auf die Knochen abgemagerte Maus und eine kugelrunde, wohlgenährte Maus. Die beiden waren beim Sumo-Ringen, einer japanischen Form des Ringkampfes.

Der alte Mann versteckte sich zwischen den Bäumen und sah heimlich zu. Diese abgemagerte Maus, das war wohl die Maus, die in seinem Haus lebte, und die dicke Maus war wohl die Maus des reichsten Mannes im Dorf, überlegte er sich. Die Maus, die im Haus des alten Mannes lebte, war ganz schwach und wurde von der Maus des reichen Mannes im Kampf geschlagen. Daher tat die dünne Maus dem Mann sehr leid.

Als er nach Hause kam, erzählte er seiner Frau, was er in den Bergen gesehen hatte, und weil den beiden die Maus, die in ihrem Haus lebte, wirklich leidtat, überlegten sie sich, dass sie ihr zu Kräften verhelfen wollten. Daher formten sie Reisbällchen, backten diese und legten sie für die Maus in den Schrank. An diesem Abend schlug sich die Maus des alten Ehepaares den Bauch mit Reisbällchen voll.

Als der alte Mann am nächsten Tag zum Holzsammeln in die Berge ging, hörte er genau wie am Vortag wieder Kampfgeschrei. Als er in die Richtung ging, aus welcher er das Geschrei hörte, sah er, dass die beiden Mäuse genau wie am Vortag wieder beim Sumo-Ringen waren. Der Mann versteckte sich hinter dem Baum und sah gespannt zu. Im Gegensatz zum Vortag dauerte der Kampf diesmal lange.

Mitten in dem Sumo-Ringen unterbrach die Maus des reichen Mannes den Kampf

und stellte der Maus des alten Mannes eine Frage: „Im Gegensatz zu sonst bist du heute sehr stark! Was um alles in der Welt hast du getan, um so stark zu werden?“, wollte sie wissen.

„Nun, wenn du die Wahrheit wissen willst, ich habe gestern Abend Reisbällchen bekommen. Daher bin ich nun stärker als sonst“, entgegnete die Maus, die im Haus des alten Mannes lebte, stolz. Da beneidete die Maus des reichen Mannes die andere Maus sehr.

„Wenn ich mit dir nach Hause komme, meinst du, dass ich dann auch Reisbällchen bekommen werde?“, fragte sie.

„Nun, das alte Ehepaar, dem das Haus gehört, in dem ich lebe, ist sehr arm. Daher bekomme ich nur sehr selten Reisbällchen. Wenn du aber ganz viel Geld mitbringst, wirst du sicher wohl auch welche bekommen!“, entgegnete die andere Maus.

„Das dürfte wohl nicht so schwierig sein, aber wenn ich es mitbringe, dann will ich auch Reisbällchen haben“, sagte die Maus des reichen Mannes.

Der alte Mann, der das Gespräch der beiden Mäuse belauscht hatte, amüsierte sich königlich darüber, und als er nach Hause kam, erzählte er die Geschichte seiner Frau. An diesem Abend legten sie zwei Portionen Reisbällchen in den Schrank und direkt daneben zwei winzige Lendentücher, wie man sie zum Sumo-Ringen benutzt.

Als die Maus aus dem Haus des reichsten Mannes mit Geldsäckchen auf dem Rücken bei dem alten Ehepaar ankam, stellte sie fest, dass es sehr viele Reisbällchen gab und dass darüber hinaus noch ein kleiner Lendenschurz für sie bereitlag. Da war die Maus überglücklich. Sie schlug sich den Bauch mit Reisbällchen voll, legte das Geld, das sie für den alten Mann und die alte Frau mitgebracht hatte, bereit und ging schließlich wieder nach Hause.

Als der alte Mann am nächsten Tag wie gewöhnlich zum Holzsammeln in die Berge ging, hörte er erneut das Kampfgeschrei, doch waren im Gegensatz zu vorher die Stimmen der beiden Mäuse sehr kräftig. Als er sich wieder hinter den Bäumen versteckte, um die beiden Mäuse zu beobachten, stellte er fest, dass beide den winzigen Lendenschurz trugen und miteinander rangen. Die Maus, die im Haus des alten Mannes lebte, war jetzt so stark geworden, dass sie von der Maus des reichen nicht mehr so einfach besiegt werden konnte, und so zog sich der Kampf hin. Der Sumokampf der Mäuse ging nun Tag für Tag weiter, da aber niemals eine der beiden Mäuse gewann, wurde der Kampf nie entschieden.

Der alte Mann und die alte Frau lebten von dem Geld des reichen Mannes, das die Maus, die in seinem Haus lebte, mitbrachte, glücklich und zufrieden bis an ihr Lebensende.

# Quellenverzeichnis:

Der Frieden der Vögel.
*Erzählt von Alfred Könner. In: Tanz auf der Trommel. (Berlin: Altberliner Verlag, 1994)*

Die Schildkröte und der Hase.
*Erzählt von Alfred Könner. In: Tanz auf der Trommel. (Berlin: Altberliner Verlag, 1994)*

Der Juwelenacker.
*Erzählt von Anna Wahlenberg. In: Trolle, Wichtel, Königskinder. John Bauers nordische Märchenwelt. (Stuttgart: Verlag Freies Geistesleben & Urachhaus, 2004)*

Das Lehmpferd.
*Erzählt von Käthe Recheis. In: Pfeiljunge und Geisterhunde – Indianermärchen. (Stuttgart: Esslinger Verlag, 2003)*

Sind wir nicht Brüder?
*Erzählt von Alfred Könner. In: Tanz auf der Trommel. (Berlin: Altberliner Verlag, 1994)*

Das Geschenk der Löwin.
*Erzählt von Guido Adam. ©hekaya.de*

Schneiderlein Nadelfein.
*Erzählt von Guido Adam. ©hekaya.de*

Sumo-Mäuse.
*In: Märchen aus Japan. Hrsg. und mit einem Nachwort von Woon-Jung Chei. Übersetzt von Bettina Braunsfurth und Jutta Schulze. © Fischer Taschenbuch Verlag GmbH, Frankfurt am Main 1996.*

Alexandr Nikolajewitsch Afanasjew *(1826–1871) interessierte sich sehr für historische Kulturforschung und wurde von der Russischen Geografischen Gesellschaft beauftragt, heimische Märchen aufzuschreiben. Seine Sammlung wurde weltweit bekannt und Afanasjew reiht sich in die Riege der großen europäischen Märchenerzähler*innen ein.*
*In dieser Sammlung enthalten:* Wassilissa, die Wunderschöne *(nacherzählt von Arnica Esterl)*

Hans Christian Andersen *(1805–1875) wurde in Odense auf der dänischen Insel Fünen geboren. Bekannt wurde er vor allem durch seine 160 Märchen, die bereits zu Lebzeiten in zahlreiche Sprachen übersetzt wurden.*
*In dieser Sammlung enthalten:* Die kleine Seejungfrau *(nacherzählt von Ulrike Sauerhöfer),* Des Kaisers neue Kleider *(nacherzählt von Nina Strugholz)*

Thomas Crofton Croker *(179–-1854) war ein irischer Altertumsfoscher, der sich der Sammlung alter Poesie und Folklore widmete. Seine Märchensammlung „Irische Elfenmärchen" wurde von den Brüdern Grimm 1826 ins Deutsche übesetzt.*
*In dieser Sammlung enthalten:* Fingerhütchen *(nacherzählt von Sylvia Tress)*

Die Brüder Jakob *(1785–1863)* und Wilhelm *(1786–1859)* Grimm *aus Hanau waren als Sprach- und Literaturwissenschaftler tätig und gelten als Mitbegründer der Grammatik. Berühmtheit erlangten sie durch die von ihnen herausgegebene Märchensammlung „Kinder- und Hausmärchen", die erstmals im Jahre 1812 erschien.*
*In dieser Sammlung enthalten:* Dornröschen *und* Hänsel und Gretel *(nacherzählt von Ulrike Sauerhöfer)*

**Wilhelm Hauff** *(180–-1827) stammt aus Stuttgart und gilt als Mitbegründer des historischen Romans. Bekannt wurde er jedoch vor allem durch seine Märchen, die in drei Almanachen zwischen 1827 und 1829 erschienen, sowie durch zahlreiche Erzählungen und Sagen.*
*In dieser Sammlung enthalten:* **Kalif Storch** *(nacherzählt von Ulrike Sauerhöfer)*

**Joseph Jacobs** *(1854–1934) war Volkskundler und Historiker. Bekannt wurde er durch seine von Grimm und Perrault inspirierten Sammlungen englischer und keltischer Märchen.*
*In dieser Sammlung enthalten:* **Hans und die Bohnenranke** *(nacherzählt von Sylvia Tress)*

**Jeanne-Marie Leprince de Beaumont** *(1711–1780) war Erzieherin und Gouvernante und liebte Kinder. In ihrer Freizeit schrieb sie Märchen, die zu Klassikern der internationalen Kinderliteratur wurden.*
*In dieser Sammlung enthalten:* **Die Schöne und das Biest** *(nacherzählt von Sylvia Tress)*

**Charles Perrault** *(1628–1703) wurde in Paris geboren. Der französische Schriftsteller hat mit seiner Märchensammlung „Contes des Fées" wesentlich dazu beigetragen, das Genre in Europa populär zu machen. Auch einige der grimmschen Kinder- und Hausmärchen gehen auf Perrault zurück.*
*In dieser Sammlung enthalten:* **Der gestiefelte Kater** *(nacherzählt von Ulrike Sauerhöfer)*

**Oscar Wilde** *(185–-1900) lebte als gefeierter Bühnenautor, Schriftsteller und Lyriker in London. Er galt als wortgewandt, scharfsinnig und überheblich. Er schrieb für seine fünf Söhne die Märchensammlung „Der glückliche Prinz", deren Märchen bis heute zu den bekanntesten Kunstmärchen Europas zählen.*
*In dieser Sammlung enthalten:* **Der selbstsüchtige Riese** *(nacherzählt von Sylvia Tress)*

**Märchen aus 1001 Nacht:** *die berühmte Märchensammlung wurde im späten 8. Jahrhundert aus dem Persischen ins Arabische übersetzt und mit islamischen Formeln und Zitaten angereichert. Die Sammlung wurde stetig erweitert und ergänzt und mit Geschichten über historische Persönlichkeiten ausgestattet. Nach der Übersetzung ins Französische wurde die Märchensammlung weltweit bekannt.*
*In dieser Sammlung enthalten:* **Ali Kwadjah und der Kaufmann von Bagdad** *(nacherzählt von Arnica Esterl),* **Aladin und die Wunderlampe** *(nacherzählt von Sylvia Tress)*

*Die Illustratorin* **Anne Hofmann**, *Jahrgang 1969, studierte in Berlin und Rotterdam Visuelle Kommunikation und Illustration und ist seit ihrem Abschluss als Diplom-Designerin an der HdK in Berlin für Animationsfilmproduktionen als Designerin und Malerin tätig. Anne Hofmann lebt mit ihren drei Kindern in Berlin.*

Der Verlag dankt allen Autor*innen und Verlagen für die freundliche Genehmigung zum Abdruck. Leider war es uns nicht in allen Fällen möglich, die Rechteinhaber*innen ausfindig zu machen. Soweit Autoren- oder Verlagsrechte berührt wurden, bitten wir um Benachrichtigung zur nachträglichen Abdruckregelung.

# MÄRCHEN IN FRISCHEM MODERNEN GEWAND

*Sandra Dieckmann*

**Märchen von mutigen Mädchen**

176 Seiten · Gebunden
ISBN 978-3-480-23972-6

Nicht allein die ausdrucksstarken Illustrationen machen dieses Buch zu etwas Besonderem, sondern auch der textliche Twist in den klassischen Märchen der Brüder Grimm, der die Frauenrollen neu deutet und ihnen eine mutigere, stärkere und modernere Rolle zuspricht. Die Försterin in Rotkäppchen sorgt dafür, dass der große böse Wolf kein Unheil mehr anrichten kann. Rapunzel beschützt ihren Prinzen und rettet mit ihrem Gesang sein Leben. Und es ist Gretel, die die fabelhafte Idee mit den Kieselsteinen hat.

esslinger